Sascha Thamm

DYNAMITFISCHEN IN VENEDIG

Prosa bei Lektora

Bd. 44

Sascha Thamm

DYNAMITFISCHEN IN VENEDIG

Lektora, Paderborn

DRITTE AUFLAGE 2025

LEKTORA GMBH
Schildern 17–19
33098 Paderborn
Tel.: 05251 6886809
Fax: 05251 6886815
www.lektora.de

Druck: OSDW Azymut, Lodź
Cover: Markus Freise
Lektorat: Lektora GmbH
Satz: Lektora GmbH

Printed in Poland

ISBN: 978-3-95461-027-3

Inhalt

Talsperre oder „Learning by burning“

Ja, ich stamme aus dem Bergischen Land. Natur wurde auf diesem Fleckchen Erde geradezu verschwenderisch vom lieben Gott auf der eurasischen Kontinentalplatte drapiert und die zahlreichen Quellen und Bäche speisen eine nicht geringe Anzahl Talsperren. An solch einen von dichtem Walde gesäumten Wasserspeicher zog es meine Schulfreunde und mich in den Sommermonaten nahezu jedes Wochenende. Die Mopeds dick bepackt, tuckerten wir jeden Freitag nach Schulschluss unserer großen Freiheit entgegen. Tagsüber tollten wir im frischen Nass oder röteten unsere knabenhaften Leiber in der Sonne. Richtig interessant wurde es aber immer erst nach Anbruch der Abenddämmerung. Dann wurde unsere Zeltburg zum Schauplatz wunderlichster Darbietungen. Da offenes Feuer verboten war, machten wir immer ein besonders großes, um den Anschein einer angemeldeten Veranstaltung zu erwecken. Nachdem wir genügend Holz gesammelt und aufgeschichtet hatten, wurde ein ordentlicher Schluck Mofatreibstoff darübergekippt und das Ganze mit einem römischen Licht fachmännisch in Brand geschossen. In diesem Feuer wurden anschließend die Speisen zubereitet, die wir für unsere ausgewogene Ernährung dringend benötigten. Bei einer rot glühenden, noch verschlossenen Dose Bihunsuppe mit aufgeblähtem Boden und Deckel musste der richtige Garpunkt genau abgepasst werden. Die Dose wurde mit einem Stock aus der Glut gerollt und mit einer Camping-Axt versuchten wir, die wertvollen Vitamine aus ihrem Inneren zu befreien. Nach dem ersten kräftigen Axthieb flog die Büchse in ein offenes Zelt und verkettete die Moleküle eines Schlafsacks mit denen einer sofort erschlaffenden Luftmatratze untrennbar. Geistesgegenwärtig und vor allem barfuß wurde die glühend heiße Konserve aus dem Igluzelt getreten, um draußen noch einmal kräftig mit der Axt traktiert zu werden. Das komplette Bodenblech fiel heraus und die kostbare Suppe versickerte im Erdreich. Nur ein paar Glasnudeln schlängelten sich als letzte stumme Zeugen dieser ja geradezu laferesken Zubereitung traurig im Dreck und wurden nach dem Abkühlen mit Hilfe zweier knorriger Zweige zum Mund geführt, was dann mit: „Oh, schau, unser Gourmet isst mit Stäbchen!“ kommentiert wurde.

Zu späterer Stunde wurden an dem Lagerfeuer nicht selten naturwissenschaftliche Experimente durchgeführt. Das waren noch Zeiten. Da hieß Ranga Yogeshwar noch Jean Pütz und wir waren Pioniere. „Was passiert wohl, wenn ich diese ungeöffnete 1-Liter-Dose Faxe in die

Glut lege?“ Fünf Minuten später kannten auch diejenigen das Ergebnis des Versuchsaufbaus, die gar nichts von der Büchse Bier im Feuer ahnten und vor der Detonation *Blowin' in the Wind* auf einer verstimmten Gitarre zupften. Im niedergehenden Asche- und Glutregen vereint, gab es dann immer ein großes Hallo!

Hier ein paar weitere Ergebnisse unserer knallharten Studien:

1. Wenn man beschließt, aus Kölner Raffinadezucker über dem Feuer in selbstgebastelten Alufolientiegeln Karamell zu produzieren, sollte man die entstandene Masse nicht sofort in seinen Mund gießen, da dies für die zukünftige Modulation der eigenen Muttersprache nicht zuträglich ist. Das abschließende Geräusch dieses Experimentes ist „tschüp“ und vom silvesterlichen Bleigießen wohlbekannt, nur klingt es etwas gutturaler.

2. Eine etwa 50 Zentimeter lange Eisenstange, die zu Schmiedeversuchen stundenlang in der Glut steckte, wird auch am anderen Ende so heiß, dass sie selbst eine schwielige, masturbationsgestählte Handfläche mit einem lauten Zischen scharf anbrät.

3. Wenn man den Anfangsbuchstaben der Angebeteten aus einem Draht biegt, um sich diesen nach dem Erhitzen in der Glut in den Oberarm zu brennen, sollte man den Buchstaben spiegelverkehrt anfertigen, um ein lesbares Ergebnis zu erzielen. Bei einem A oder M spielt es keine Rolle, aber ein S falsch herum ein Leben lang auf seiner Epidermis zu tragen, ist nicht nur von Vorteil. Obwohl – man kann sich dann mit einer Kippe einen Punkt dranbrutzeln und hat ein schönes Fragezeichen. Aber der Punkt muss nach unten! Weil sonst: Sparkasse – aber auch falsch herum!

Abschließend ein Versuch zur Berechnung von Flugbahnen anhand des Klassikers „Sprung über das Feuer“. Aus einem Kasten Bier und einer Campingtischplatte wurde eine Schanze errichtet, mit deren Hilfe ein Unerschrockener die Gesetze der Schwerkraft aushebeln wollte. Die erreichbare Höchstgeschwindigkeit seines Mofas maßlos überschätzend, erreichte unser Hobby-Evel-Knievel den Scheitelpunkt der Flugparabel unmittelbar nach Verlassen der Tischplatte und kehrte mangels Anfangsbeschleunigung bereits mitten in der Feuersbrunst auf die Erdkruste zurück. Das Ergebnis dieses Infernos lautet physikalisch: Newton hatte doch recht; optisch: irgendwo zwischen illegaler Pyrotechnik und dem Halleyschen Kometen.

Nachtrag: Naturwissenschaftler wurde keiner von uns ...

Kerbtierromanzen

Mücke und Mücke drücken sich
Mücke bückt sich – Mückenstich

Hummel fummelt am Hummel-Ex
Hummel bückt sich – Pummelsex

Bremse und Bremse wollen Blagen
Bremse bückt sich – Bremsversagen

Die Grausamkeit der Wiederholung

Es macht mich schier wahnsinnig, wenn sich Dinge häufig wiederholen. Ich meine damit nicht ein erneutes Auftreten von zeitlich weit differenzierten Vorkommnissen. Nie würde ich klagen: „Oh, schon wieder Jahrtausendwechsel!“ Nein, es nerven mich Dinge, die schnell aufeinander folgend einen immer und immer wiederkehrenden Inhalt haben. Gerade in der Musik sind nicht enden wollende monotone Instrumentalsoli oder mehrfach intonierte Textpassagen häufig und machen mich vollkommen kirre!

Als mein Sohn den Song *Katzen brauchen furchtbar viel Musik* aus dem Film *Aristocats* zu seinem neuen Lieblingsstück erkor, begann für die Erziehungsbeauftragten des kleinen Meistersängers eine harte Epoche. *Katzen brauchen furchtbar viel Musik* ist eigentlich ein liebenswertes Lied. Eine lässige Jazznummer mit ausgeklügelten Bläsersätzen und einer swingenden, mitreißenden Melodie. Die Komposition wurde von unserem dereinst 3-jährigen Spross jedoch zu einem Sud verkocht, durch ein Sieb passiert und die entstandene Melange von sämtlichen störenden Rhythmikresten befreit, bis am Ende „Katze mauken, Katze mauken“ übrig blieb.

Diese Refrainruine wurde anschließend inflationär durch das Haus gebölkt und regelrecht in die geschundenen Gehörgänge der unfreiwilligen Zuhörer gefräst. Da wurde, wie man in der südchinesischen Provinz Guangdong so schön sagt, der Hund in der Pfanne verrückt!

„Es heißt nicht ‚Katze mauken', und sing doch bitte mal etwas anderes!" wurde nun von den vollkommen entnervten Elternteilen ebenfalls in eine Endlosschleife geschickt. Bei Radiosendern wird so etwas A-Rotation genannt. Ein Radio kann aber ausgeschaltet werden, „Katze mauken" nicht.

Doch ich möchte nicht klagen. Was sind schon ein paar Wochen „Katze mauken" gegen ein Leben mit Endlosschleifensoundtrack, gegen ein Leben mit Endlosschleifensoundtrack, gegen ein Leben mit Endlosschleifensoundtrack, gegen ein Leben mit Endlosschleifensoundtrack, gegen ein Leben …? Eine Gnade!

Denn ich ziehe den Hut und möchte mich jedes Mal vor Bewunderung vor ihm auf den staubigen Asphalt werfen, wenn er in unsere Siedlung gefahren kommt – der Botschafter der Wiederholung: der Schrottsammler! Um sein baldiges Erscheinen anzukündigen, plärrt wahrscheinlich seit dem späten Neolithikum etwas, das sich wie eine prähistorische Version von *Muss i denn zum Städtele hinaus* anhört, aus seiner Lautsprecheranlage. Der Schrottmann scheint glücklicher Erbe des wertvollen

Originaltondokuments zu sein, auf dem Ötzi während seiner finalen Alpenüberquerung unter Zuhilfenahme eines noch lebenden Murmeltierdudelsacks die Melodie einspielte und auf einem Fisher-Price-Kassettenrecorder mitschnitt.

Mit diesem tonalen Worst Case cruist der Schrottmann völlig tiefenentspannt durch unsere sonst beschauliche Wohngegend und beschallt uns mit einem Lärm, den die Seismologen des Leibniz-Instituts für angewandte Geophysik bisher fälschlicherweise den Bohrungen am Gotthardtunnel zuordneten. Lieber Schrottmann: „Muss i denn zum Städtele hinaus“ möchte ich eindeutig mit „ja“ beantworten!

Aber nicht nur in der Musik nerven Wiederholungen. Auch ständig wiederkehrende Fragen machen mich wahnsinnig. Vor allem vor einer Frage habe ich regelrecht Angst. Immer wenn ich im Münzgeldfach nestelnd an der Kasse stehe und versuche, den gewünschten Betrag abzuzählen, kommt sie, die schlimmste aller Fragen! „Darf ich noch eben Ihre Postleitzahl haben?“

Darf ich noch eben Ihre Postleitzahl haben … das macht mich krank! Und, merkt ihr was? Es ist zwar nur eine Postleitzahl, aber das Netz zieht sich langsam zu. In ein paar Jahren wird die Kassiererin fragen müssen: „Darf ich mir noch kurz die Doppelhelix Ihrer DNS auf einen USB-Stick ziehen?" Also, wehret den Anfängen!

„Aber natürlich können Sie meine Postleitzahl haben!" Dann denke ich mir schnell eine 5-stellige Zahl aus: „Ähh, 06774". Das ist, wie sich später herausstellte, die Postleitzahl von Schlaitz im Landkreis Bitterfeld. Wenn alle Kunden mitspielen würden, wäre die Auswertung der Kundenbefragung dermaßen verzerrt, dass in Schlaitz im Landkreis Bitterfeld jeder der 964 Einwohner sein eigenes Einkaufscenter bekommen würde und jeder männliche Bewohner einen eigenen Baumarkt. „Sammeln Sie Treuepunkte? Haben Sie eine Payback-Karte?"

„Aber klar doch! Ich gebe Ihnen alle meine persönlichen Daten, die Sie profitabel weiterverscheuern können, und lasse mich dafür von Ihnen mit Werbung zuknallen. Sie kennen mein Einkaufsverhalten, was ich mag und was nicht, und im Gegenzug bekomme ich von Ihnen ein Volleyball-Imitat in Schweinslederoptik!"

Das nenne ich eine Win-win-Situation!

Früher waren die Volleybälle Glasperlen, und die Indianer waren auch der Überzeugung, sie hätten ein gutes Geschäft gemacht, als sie ihr Land gegen ein paar wertlose Murmeln eintauschten!

Und somit wiederholt sich sogar die Geschichte.

Zwei Kisten Spinnen

Während meiner Schulzeit habe ich zwei Dinge gehasst. Zum einen war es: Turnbeutel vergessen. Denn das bedeutete Schmach und Schande, da man trotzdem mitturnen musste. Und wenn man dann in Dinosaurier-Frottee-Unterbuxe vor den Mitschülerinnen am Reck baumelte, war das nicht schön. Vor allem nicht im Alter von 14 Jahren.

Aber eine Sache war noch schlimmer: wenn man das Album des Schreckens überreicht bekam – ein Freundereinschreibbuch!

Abgesehen davon, dass man nie ein passendes Bild hatte, welches man da einkleben konnte, war auch das Ausfüllen eine Qual. Die wollten Sachen wissen wie bei der Einreise in die Schweiz. Wärend des Weltwirtschaftsgipfels:

Name, Adresse, Telefonnummer. Aber auch Größe und Gewicht mussten angegeben werden. Haarfarbe war auch wichtig, da man die Person ja meistens erst seit ein paar Jahren kannte und sie ohne die Info aus dem Album womöglich auf der Straße nicht wiedererkannt hätte. Selbst intimste Details musste man preisgeben: Lieblingstier, Lieblingsmusik und Lieblingsfarbe. Boah, Lieblingsfarbe. Darüber habe ich mir als Kind schon keine Gedanken gemacht. Noch nie in meinem Leben hatte ich eine Lieblingsfarbe. Genauso wie ich noch nie einen

Lieblingsgrottenolm oder ein Lieblingsstreusalz hatte. Lieblingsfarbe war mir immer vollkommen Latte. Den anderen scheinbar auch, denn die Auswahl der Farben schien in Freundereinschreibbüchern nur aus Rot und Blau zu bestehen. Da stand immer nur „Rot“ oder „Blau“. Oder hat da mal jemand „Anthrazit“ reingeschrieben? Keiner! Obwohl, „Schwarz“ schrieb schon mal jemand. „Schwarz“ schrieben die, die bei Lieblingsmusik „*The Cure*“ stehen hatten und bei Hobbys „Heulen und Augenbrauen komplett wegzupfen, um sich dann mit Kajalstift neue auf die Birne zu malen“. Und selbst wenn die Lieblingsfarbe von diesen depressiven Vögeln Anthrazit war, schrieben sie trotzdem „Schwarz“ in das Buch, da sie nicht wussten, wie man „Anthrazit“ schreibt.

Und bei Lieblingsgetränk stand bei denen „Capri Sonnenfinsternis“.

Lieblingstier war in den Alben auch immer eine Herausforderung. Löwe, Elefant, Hund, Katze und Pferd war alles, was da an zoologischem Gekräuche auftauchte. „Die Bremer Stadtmusikanten zusammen auf einem Balkanteller“ schrieb ich einmal und wurde danach von der Besitzerin des Buches wochenlang ignoriert. Vielleicht lag es auch daran, dass ich noch etwas anderes eintrug. Die Besitzerin hatte nämlich bei *Was ich nicht mag*: „Spinnen“ hingeschrieben. Und bei *Drei Dinge, die ich mit auf eine einsame Insel nehmen würde*: „Dich und zwei Kisten voll mit Barbiepuppen". Ich schrieb daraufhin bei *Was ich nicht mag*: „Barbiepuppen" und bei *Drei Dinge die ich mit auf eine einsame Insel nehmen würde*: „Dich und zwei Kisten voll mit Spinnen". Also, ich fand das lustig …

Und dann war da noch immer das Gedicht. Man sollte immer ein Gedicht reinschreiben. Da gab es dann so Dinger wie:

Die Blumen brauchen Sonnenschein
und ich brauch Dich zum Fröhlichsein.

Das mit den Gedichten ist ja sowieso so eine Sache. Ich habe zuhause etwas, das nennt sich Kühlschrankpoesie. Da gibt es eine Vielzahl von Wörtern auf kleinen Magnetplättchen. Diese können auf der Türe von einem Kühlschrank zu Sätzen zusammengeschoben werden – daher der Name. Die Auswahl der Wörter ist begrenzt und man braucht schon ein wenig Fantasie, um was Aussagekräftiges zu puzzeln. Bei mir dürfen sich seit Jahren Gäste an einer eisernen Brandschutztüre im Keller verewigen. Im Laufe der Jahre haben sich dort zahlreiche Gedichte und Weisheiten angesammelt. Würde ein Psychologe das auswerten – mein halber Freundeskreis würde weggesperrt. Der Rest bekäme Psychopharmaka. Ein positives Beispiel ist aber eine junge Dame, die Folgendes schrieb, das mich sehr rührte:

Nimm nur meine tausend kalten Tränen
Deine Hände vergessenes Glück
Inniger als die sanfte Seligkeit des Kusses war mir nichts

Und da die Wortauswahl nicht gerade riesig war, finde ich dieses Ergebnis in höchstem Maße beeindruckend.

Und daneben hat ein Freund mit demselben zeitlichen Aufwand und derselben Wortauswahl Folgendes an meiner Türe verewigt:

Schmeck nackt Ding

Fertig, mehr steht da nicht. Schmeck nackt Ding. Und die Dichterin der tausend kalten Tränen und der Verfasser von Schmeckt nackt Ding sind jetzt schon seit Jahren glücklich verheiratet. Also, ich werde da nicht schlau draus …

Doch zurück zu den Reinschreibbüchern:

Als mir einmal ein sehr altes Poesiealbum aus Uromas Zeiten in die Hände fiel, hatte ich zunächst Probleme, die alte Sütterlinschrift zu entziffern. Als es mir dann aber doch gelang, war die Freude über das Dechiffrierte grenzenlos. Lohn meiner Mühen war der Zweizeiler:

Lerne kochen, waschen, bügeln
sonst wird Dich Dein Mann verprügeln.

Herrje, das ist aber poetisch.
Mein Kumpel hätte da bestimmt noch zugedichtet:

Und wenn die Stube sauber ist
die Wäsche auf der Leine flattert
Schmeck nackt Ding
dann wird geknattert

Also, allein schon deshalb überlege ich, ob ich mir nicht auch mal so ein Album zulegen sollte.

Paradies

Tag 1: Ankunft. Wie die Insel in den Besitz meiner Vorfahren kam, weiß ich nicht. Und warum dieser Haufen Sand *Catan* genannt wurde, war mir ebenso schleierhaft. Eigentlich interessierte es mich in diesem Moment auch nicht. Ich freute mich einfach auf die einjährige Auszeit auf dem einsamen, abgelegenen Tropenparadies, welches ich nach scheinbar endloser Anreise endlich erreichte. Ich griff meinen Rucksack, sprang aus dem Boot in das kristallklare, angenehm temperierte, knietiefe Wasser und verabschiedete mich vom Bootsführer, der sogleich beidrehte und mich in 12 Monaten wieder hier abholen sollte. Das Erste, was mir beim Betreten des winzigen Eilandes ins Auge sprang, war ein seltsames maikäfergroßes Insekt mit Krone und Zepter. Autsch! Ich warf das Tierchen ins Meer, wo es auf der ruhig dahindümpelnden Oberfläche sanft in den Tod gewiegt werden konnte. Phhhhschuuuuut phhhhhsssuuuuuut … Als Abschiedsständchen stimmte ich durch die Lippen trompetend ein Trauerständchen an: „Eine Seefahrt, die ist lustig, eine Seefahrt, die ist …“ **Schläääp!** Mit einem heftigen Platscher wurde das Insekt von einem Fisch verschlungen. „Meine Fresse, habe ich einen Schrecken gekriegt! Na warte, du Gräte, dafür werde ich dich morgen grillen“, entfuhr es mir.

Dann blickte ich mich auf dem kleinen Inselchen um, auf dem sich neben weißem Sand eine einzige schattenspendende Palme und eine lebensnotwendige Süßwasserquelle befand. Na, das würde aber ein entspanntes Jahr werden.

Die einzigen Bewohner der Insel schienen Massen von Landeinsiedlerkrebsen zu sein, die unbeholfen und unkoordiniert durch den Sand eierten. Jeder der kleinen Krabbler trug mühsam ein ausgemustertes Schneckenhaus mit sich herum und tippelte scheinbar vollkommen orientierungslos umher.

Tag 2: Hach, ist das schön hier! Ich habe mir zum Frühstück einen Fisch geangelt. Hoffentlich war das das Drecksvieh von gestern. So etwas Leckeres habe ich noch nie im Leben gegessen. Anschließend habe ich die Insel gründlich erkundet und dafür 10 Minuten gebraucht, mich in den Schatten der Palme gelegt und die Einsiedlerkrebse beobachtet. Es ist das Paradies auf Erden!

Tag 3: Ich habe mir zum Frühstück einen Fisch geangelt, und ich muss sagen: Herrlich! Der schmeckte noch besser als der von gestern. So lässt es sich aushalten! Ich habe jeden Quadratzentimeter der Insel erkundet, einen leichten Sonnenbrand und sitz im Schatten auf der dicken Wurzelknolle der Palme. Da es hier rein gar nichts zu tun gibt, beobachte ich die Einsiedlerkrebse stundenlang und freue mich immer, wenn zwei zusammenstoßen, umfallen, sich mühsam wieder aufrappeln und gehetzt weiterkrabbeln. Herrlich, ein Jahr darf ich noch bleiben und diesem Schauspiel jeden Tag beiwohnen.

Woche 2: Ich bin schon richtig braun geworden, angle mir jeden Tag einen leckeren Fisch und beginne mich zu langweilen. Aber alleine beschäftigen kann ich mich ja gut. Also baue ich eine kleine Sandburg und schnitze anschließend „Ich bin hier“ in die Palme und beobachte danach die Krebse.

Monat 2: Herrje, was ist das hier langweilig. Meine Haut hat die Färbung von angesengter Dachpappe angenommen, ich habe schon wieder einen Fisch geangelt und die Sandburg wächst, gedeiht und reicht mir inzwischen bis zur Nasenspitze. Mit irgendetwas muss man sich ja beschäftigen, um hier keinen an der Klatsche zu bekommen! Aber ich beschwere mich nicht. Es ist hier wie in der Bacardi-Werbung. Nur ohne tanzende Traumfrauen, ohne Bacardi, ohne Yacht und ohne Lebensfreude. Ich beobachte stattdessen die Einsiedlerkrebse und schnitze „Wer das liest, hat keinen Bacardi“ in die Palme. Noch 10 Monate.

Monat 3: Verdammt, heute gibt es schon wieder Fisch und mir ist stinklangweilig. Ich habe „Wer das liest, kann lesen, hat keinen Bacardi und bin ich“ in die Palme geschnitzt, singe viel, mache Purzelbäume und die Sandburg wird immer gewaltiger. Von ihrem Gipfel aus erkenne ich, dass die Einsiedlerkrebse nicht ziellos umherirren, sondern in geregelten Bahnen über die Insel krabbeln, als folgten sie einem komplizierten Netz aus Wegen. Passiert hier gerade große Wissenschaft oder ist diese Erkenntnis der erste Schritt vom Beklopptwerden?

Monat 6: Ich glaube, ich werde bekloppt! Ich ernähre mich noch immer von diesen ekligen Fisch-Kackviechern und als Nachtisch gibt es eine Extraportion Sonnenlicht. Ich habe „Laaaaangweilig“ in die Palme geschrieben und beginne, aus der gewaltigen Palmenknolle eine Schneckenhausskulptur zu schnitzen. Außerdem denke ich darüber nach, ob man sich auf einer einsamen Insel beim Niesen die Hand vor den Mund halten muss. Und ich bemerke erstaunt, dass ich eine Vielzahl der Krebse an ihren Schneckenhäuschen erkennen kann. Manche sogar schon an ihrem Gang.

Monat 8: Um hier nicht vor Langeweile völlig am Rad zu drehen, schnitze ich wie ein Irrer an der Schneckenhausskulptur, übe oben auf der inzwischen 8 Meter hohen Sandburg jodeln und ernähre mich von Sonnenlicht und ein wenig Fisch. Nachdem ich jetzt zwei Monate darüber gegrübelt habe, ob man sich beim Niesen die Hand vor den Mund halten muss, beschließe ich, es einfach mal ohne Hand zu versuchen, um zu sehen was passiert. Ich niese, auf der Spitze der Sandburg stehend, und ein Einsiedlerkrebs ruft: „Gesundheit". Ich sage „Danke" und mache mir daraufhin ernsthafte Sorgen um meine seelische Verfassung. Gott sei Dank sind es nur noch 4 Monate, bis ich abgeholt werde!

Monat 10: Ein Glück, ich drehe doch nicht durch! Die Einsiedlerkrebse sagen, alles wäre o. k. mit mir. Ich ritze „Auf der Palm, da gibt's koa Sünd'" in den Palmenstamm und schnitze fleißig an dem Palmenwurzelknollenschneckenhaus. Diese Skulptur hat etwa 1,5 Meter Durchmesser, sieht wunderbar aus und kurz vor ihrer Vollendung fällt die Palme, offenbar zu sehr von den Schnitzereien geschwächt, einfach um. Ein kurzes Quietschen und – rumms – liegt das Dingen. Mein „Achtung, Baum fällt" kommt für viele Krebse viel zu spät und als die Palme ins Meer rollt und wegschwimmt, blicke ich ihr wie gelähmt nach. Na, das war ja mal wieder eine Meisterleistung! Ein Palmabtrieb sozusagen. Komm, ist egal, lass das Pflänzchen abreisen. Die Palmenknolle ist ja noch da.

Scheiß auf Schatten. Ich ernähre mich sowieso nur noch von Sonnenlicht und freien Radikalen. Es gibt aber auch Positives zu berichten: Mein Einsiedlerkrebsisch wird von Tag zu Tag besser. Wir führen einfache Dialoge und ich erkenne auf ihren Schneckenhäusern Unregelmäßigkeiten, die ich als Botschaften interpretiere. Nur noch 2 Monate durchhalten, dann hat dieser böse Zauber ein Ende.

Monat 11: Ich hasse Fische, ich hasse die Sonne, ich hasse die Insel. Ich hasse alles. Hätte ich eine Palme, würde ich „Alles Scheiße, alles Mist, wenn man nicht im Schatten ist!“ hineinritzen. Mit meinen Eckzähnen! Aber, Yippiiie, ich bin nicht verrückt und kann die Botschaften auf den Häusern der Krebse entschlüsseln! Auf einigen steht einfach nur die alte Adresse der Schnecke, der das Haus einst gehörte, mit dem Vermerk: „Bitte keine Werbung einwerfen!“, auf anderen steht „ABI 2009, bis zum bitteren Ende“ oder „Andrea Berg Double für Ihre Firmenfeier“. Ich entdecke sogar ein Häuschen mit „Wir in Nordrhein-Westfalen“-Schriftzug und einen „Bofrost“-Krebs! Auch meine Schneckenhausskulptur ist inzwischen fertiggeschnitzt und passt mir wie angegossen. Um nicht aufzufallen, schreibe ich auch etwas auf mein neues Heim: „Palmdudler“ und darunter „Sauerland – wo die Misthaufen qualmen, da gibt's keine Palmen, Sauerland". Die Tarnung nützt aber nichts! Die Einsiedlerkrebse versammeln sich und rufen: „Er ist erschienen! Der neue gottgleiche König. Nachdem unser alter König Samsa der I. der Legende nach ganz kaltblütig mit Krone und Zepter einem Fisch zum Fraße vorgeworfen wurde, ist er nun zu uns gekommen. In seiner ganzen Pracht und von unglaublicher Herrlichkeit! Der heilige Zweisiedlerkrebs!"

Jau, Zweisiedlerkrebs. Ich geb euch Zweisiedlerkrebs! Nicht ich, die sind bescheuert! Aber nur noch vier Wochen, dann bin ich hier weg.

Monat 12: Yippiiie, der letzte Tag! Gleich werde ich abgeholt! Hurra! Aber irgendetwas scheint heute mit den Krebsen anders zu sein. Sie haben sich versammelt! Die wollen sich bestimmt verabschieden. Doch dann beginnt der riesige wimmelnde Mob einstimmig zu rufen: „Großer Zweisiedlerkrebs, heile uns von unseren Gebrechen!" Au ja, das Spiel mache ich die letzten Stunden hier gerne mit. Das wird ein Spaß!

Ich rufe von der Spitze der Sandburg: „Einsiedler von Catan, ich will sehen, was ich tun kann! Aber bitte der Reihe nach!"

Der erste Krebs tritt hervor: „Hast du mal einen langen Draht? Mich juckt es ganz tief hinten im Haus."

Ich rufe: „Nein, der Nächste bitte!"

Ein besonders alter Krebs ist an der Reihe: „Ich habe Harndrang und muss nachts dreimal raus. Und da ich es nicht immer rechtzeitig aus meinen Schneckenhaus schaffe, habe ich permanent Staunässe am Arsch!" „Oh mein Gott, er hat Staunässe am Arsch, schrecklich!" murmeln die anderen Krebse.

Ich rufe: „Einsiedler von Catan, oder erlaubt die kurze Anrede: Siedler von Catan, so ein bisschen Staunässe ist doch halb so wild. Da, wo ich herkomme, kenne ich einen, der wohnt in Solingen Unterburg in so einer feuchten Hütte, der kann sich mit Heftzwecken Kaulquappen an die Raufasertapete pinnen und da werden trotzdem Frösche draus. Das ist so eine feuchte Bude, der hat immer schrumpelige Finger und nasse Haare. Um euch eine Vorstellung davon zu geben, wie feucht die Hütte ist, sage ich nur: Der hat in seinem Aquarium eine Fischklappe! Und seit Neuem steht in seinem Vorgarten ein Schild: Immobilie an Fischotter zu verschenken! Das sind Sorgen! Und ihr dackelt hier bei 30 Grad durch den weißen Sand und beschwert euch über ein bisschen Kondensat in der Kimme?"

Da ertönt das Brummen eines Motorbootes. Ich hebe meinen Blick, purzele mit meinem Palmenknollenhäuschen am Gesäß die Sandburg herunter und krabble eiernd und vor Freude weinend zum Ufer. Der Bootsführer schaut flüchtig herüber, sucht die Palme, erblickt stattdessen einen gewaltigen Sandberg. Er dreht bei und gibt Gas in Richtung Horizont.

Das hier ist wohl nicht die richtige Insel …

Eifersucht 1

Der Hummer hat Kummer
weil es Languste lang wusste
Fazit: Dekapoden am Boden

Eifersucht 2

Der Austermann hatte eine Perle,
die Austerfrau bekam es spitz
und bestellte sich beide im Ritz
Austertraum – aus der Traum

Eimer

Erinnern wir uns an eine Zeit, als uns die Zukunft gehörte. Jene Zeit, in der man am Eiswagen für 20 Pfennig eine Kugel Eis bekam. Für 'nen Zehner schüppte dir Salvatore dann 50-mal Stracciatella in die Waffel. Das war so ein Berg Eis, da drin konntest du eine Loipe ziehen. Mit dem Hörnchen hättest du die Titanic versenken können. Für 10 Mark konntest du aber auch auf der Kirmes einen Abend lang Autoscooter fahren und hattest am Ende an der Losbude noch eine pink-grüne Plüsch-Boa gewonnen, die so lang war wie die A 46. Du hattest für 10 Mark richtig Spaß. Auch als du den Typen beim Rosenschießen mit angelegter Flinte und den Worten: „Tanz, du Sau!" durch seine eigene Bretterbude jagtest. Für den Zehner bekamst du einen halbvollen Tank, einen halbvollen Einkaufswagen, oder du hast es so gemacht wie wir und hast die Kohle mit Bedacht angelegt: in holländische Devisen.

Wie ist zu erklären, dass ein evolutionärer Prozess Generationen von jungen Männern diese selbstzerstörerischen Jahre in den Lebenslauf knüppelt? Waren es bei unseren Urgroßvätern noch Duelle mit Degen und Vorderlader, waren es bei uns frisierte Mofas und Eimerrauchen.

Heidewitzka! Eimerrauchen. Der Unterschied zwischen einem Joint – das ist eine Zigarette mit einer Tabak-Marihuanamischung – und einem Eimer ist wie folgt am besten zu erklären: Auf der einen Seite der Joint, vergleichbar mit einem Glas Rotwein zu einem Fünf-Gänge-Menü bei Kerzenlicht und leisem Bar-Jazz. Auf der anderen Seite der Eimer: Ein 5-Liter-Tetrapack kalter Christkindl-Glühwein, den man sich während des Sturmtiefs Kyrill auf dem Lidl-Parkplatz mit einem Hochdruckreiniger auf ex einverleibt.

Die Methode ist simpel, aber das Ergebnis ist haarsträubend! Saß man vor der rauchgeschwängerten Druckbetankung auf einer Party in gemütlicher Runde, referierte leichtzüngig über Kontinentaldrift und Faunenverfälschung, schlürfte an seiner Cola, kostete von vorzüglichem Kartoffelsalat und flirtete vorsichtig mit der Angehimmelten gegenüber, ändert sich die Situation nach dem Eimer schlagartig.

Der Hustenanfall unmittelbar nach dem anaeroben Atemzug klingt ein wenig nach Darth Vaders letztem Röcheln und dann knistert's auch schon gewaltig unterm Helm. Man kann noch einen flotten Spruch in die Runde werfen: „Ich brauche mal eben ein Sauerstoffatom und den Stornoschlüssel“, und dann werden die Empfangsantennen auch schon mit grober Hand verdreht.

Hab ich das mit dem Sauerschlüsselatomstorno laut gesagt oder habe ich nur gedacht? Egal, ich fand's zum Brüllen. Au, was muss ich lachen. Aua, mein Bauch – buah, war das witzig! Lachen die anderen auch? Oh, sie lachen nicht. Hab ich doch nur gedacht? Soll ich es noch mal sagen? Lauter? Soll ich es noch mal brüllen und dabei mit den Armen rudern, damit jeder diesen Jahrtausendwitz hört? Mensch, hab ich einen trockenen Mund. Mist, die Cola ist alle. Soll ich aufstehen? Auf dem Balkon steht noch eine ganze Kiste. Oh, lieber nicht aufstehen. Oder Bier. Da steht ja noch ein Bier auf dem Tisch. Gehört das jemandem? Da steht ja was drauf. Aber was? Ist das falsch herum?

Ich stoße meinen Nachbarn an.

„Hast du das gewusst?"

„Was?"

„Mit dem Bier."

„Was soll mit dem Bier sein?"

„Verdreht."

„Aha", sagt mein Nachbar und kehrt mir seinen Rücken zu.

Ich merk noch gar nichts. Pah! Eimerrauchen. So ein Typ wie ich steckt das locker weg. Sind doch alles Luschen. Nach dieser Erkenntnis erhebe ich mich und rufe:

„Ich bin ein Nein auf dem Jahrmarkt!"

Betretenes Schweigen.

„Der frühe Fang vögelt den Wurm!"

Meine Zuhörer blicken beschämt zu Boden.

Kann es sein, dass ich keinen in dem Raum kenne? Wo sind denn meine ganzen Kumpels? Die sehen hier alle ganz schön spießig aus. Alles Bausparer, oder was? Soll ich mal eine Runde drehen und mich überall persönlich vorstellen? Au ja, ich stehe jetzt mal auf. Hallo Beine, wollt ihr mit aufstehen? Na, dann eben nicht.

Also krieche ich los.

Oh, was für ein schöner Teppich! Und so tolle Musik. Wenn man das Ohr ganz fest auf den Boden drückt, wird die Musik ganz dumpf. Ob die Schallwellen beim Teppichausklopfen wieder rauskommen – oder sterben sie ab? Ich frag mal nach. Aber wen?

Da habe ich eine ganz tolle Idee, die ich sofort in die Tat umsetze. Ich morse die Frage an die Allgemeinheit, indem ich mit den flachen Händen auf den Boden schlage, und untermale die Szenerie verbal mit mongolischem Kehlkopfgesang.

Hört mich denn niemand? Ich warte auf Antwort! Bis ich eine Antwort bekomme, kann ich ja ein bisschen Brustschwimmen. Hau ruck, hau ruck, tut das gut.

Da packen mich zwei Typen an Armen und Beinen.

Bin ich ertrunken? Ich brülle: „Finger weg, ihr Beachbitches! Wo sind denn eure roten Badeanzüge?"

Die beiden tragen mich in einen Nebenraum, legen mich auf ein Bett, machen das Licht aus und verabschieden sich grußlos.

Warum? Ich merk noch gar nichts von dem Eimer! Ich bin topfit! Das war bestimmt ganz billiger Shit. Jetzt wird erst einmal richtig gefeiert. Aber so richtig! Alles hört auf mein Kommando! Rock 'n' Roll ! Wo sind die Groupies?

Während dieses Gedankens schlafe ich mit weit aufgerissenem Mund ein und erarbeite im Wegdämmern noch schnell ein Bühnenstück in drei Akten für hochbegabten Kartoffelsalat. Der Kartoffelsalat boykottiert die Choreografie aber rigoros und legt sich, die Cola im magensauren Schlepptau, mit einem spektakulären Rückwärtssalto neben mich ins Bett.

Mensch, machen die sich breit. Gut, dass ich nicht so breit bin.

Fischverrückt

Noch nicht einmal drei Lenze zählend, schlug ich mit einem dumpfen „kroookkk" inzisal auf der Holzplatte auf, die Opas Aquarium klaglos stemmte. Das tat meinem Schneidezahn, nicht aber meiner großen Liebe zu den Fischen einen Abbruch. Im Gegenteil, immer stärker steigerte sich mein Interesse an den beschuppten Flossenträgern. Fortan trug ich zwar eine Zahnlücke, aber auch stets eine Aquarienfibel unter dem Arm. Da Buchstabenfolgen von mir zu diesem Zeitpunkt noch nicht entschlüsselt werden konnten, mussten mir meine Eltern, Großeltern und alle anderen des Lesens Bemächtigten aus diesem Buch mantraähnlich vorlesen und wurden aufgrund der nicht gerade einfach auszusprechenden wissenschaftlichen Fischnamen zu linguistischen Höchstleistungen gezwungen.

Beim Vorlesen der Überschrift des Kapitels „Messingmaulbrüter –*Pseudochrenilabrus philander dispersus* (Trewavas, 1936) vom Fundort Lake Mweru Wantipa in Nordost-Zambia" ergriff Großmutters herausnehmbarer Zahnersatz schon mal die Eigeninitiative und versuchte, der Enge ihrer Mundhöhle im Windschatten der mühsam vorgetragenen Silben zu entfliehen. Zur allgemeinen Verwunderung sprudelten die zoologischen Fischnamen aber ganz selbstverständlich aus meiner zahnlückendekorierten Gesichtsöffnung, als die meisten Gleichaltrigen einen Delfin noch mit Fisch und einen Schlammspringer mit Frosch betitelten. Ich kannte den Gabelbart, den Messerfisch und den Löffelstör schon, bevor ich unfallfrei mit Besteck essen konnte. Die Funktion und Anwendungsweise des Begattungsorgans männlicher Guppies bei der inneren Befruchtung des Weibchens war mir längst bekannt, als Gleichaltrige noch darüber grübelten, was ihre Väter wohl mit dem Klapperstorch angestellt haben mochten ...

Waren meine Eltern der Kindespflege überdrüssig, setzten sie mich einfach vor Großvaters Aquarium und hatten dann stundenlang ihre Ruhe. Oh, wie faszinierte mich diese friedvolle Welt im Glase!

Eine Kunststoffwindmühle versuchte mit unrhythmisch eiernden rotierenden Segeln die Flossen achtloser Fische zu kupieren und ein Plastikskelett sprang unter fürchterlichem Geblubber aus seinem Sarg, dass ein in diesem Moment vorbeiziehender Schwarm Neons panisch auseinanderstieb und die kleinen Fischleiber gegen die Seitenscheiben des Aquariums prasselten. Hier war die Welt noch in Ordnung. Eine uralte Filteranlage wehte ächzend den groben Kies mit hartem Stahl in die hinterste Ecke des Glaskastens. Nur eine mit Blei beschwerte Kunststoffkoralle widerstand der Strömung, in der Lachse einen Muskelkater bekommen hätten.

Im Dämmerlicht einer altersschwachen Pflanzenwachstumsröhre funkelte der blanke Draht des undichten und von innen beschlagenen Heizstabes, woran sich eine Kabelverlängerung befand, die provisorisch und äußerst professionell mit Tesafilm isoliert knapp über der Wasseroberfläche baumelte. Bei diesem Anblick wäre sogar jeder Zitteraal nervös geworden und hätte Angst vor einem elektrischen Schlag bekommen. Meinen Opa beunruhigte das aber kein bisschen und ihm passierte wie durch ein Wunder auch nie etwas, obwohl die Kombination von Wasser und Strom ja bereits seit Entdeckung der Elektrizität eine beliebte Möglichkeit ist, elegant und effektiv den Deckel des eigenen Lebenslaufes zuzuklappen.

Trotz allem war ich begeistert von diesem friedvollen Stück Natur im Esszimmer meiner Großeltern. Der Anblick dieses Kleinods pflanzte den Samen einer aquaristischen Leidenschaft in mein Hirn, die mein späteres Leben maßgeblich prägen und bereichern sollte. Mein Großvater erreichte ein gesegnetes Alter und in dem Aquarienunterschrank, an dem ich einst meinen Zahn verlor, stapelte er stolz die Aquarienmagazine, in denen sich Fotos und Artikel seines Enkels befanden. Und immer wenn ich den hochbetagten Großvater besuchte, sagte er zuerst: „Hallo Jung', schön, dat du da bis. Wat machen de Fischkes?"

Und dann musste ich ihm immer erzählen, welche Nachzucht glückte, wo ich Vorträge hielt und in welchem viele Flugstunden entfernten Flusssystem wir welche Fischart gefunden hatten. Dann strahlte er und sagte: „Und weißt du, wer daran schuld is, dat du so fischverrückt bis?"

Ja, das weiß ich und dafür danke ich dir von ganzem Herzen.

Der Wels in der Brandung

Aquarianer, die sich den Welsen verschrieben haben, sind ein sonderbares Völkchen. Man kann sie aber nicht alle über einen odontodenbesetzten Brustflossenstrahl scheren. Nein, es tummeln sich ganz unterschiedliche Typen in dieser Szene. Einige pflegen zum Beispiel Fische, die in jeder Nahrungskette von Süßgewässern einsam an der Spitze dümpeln und sich wahlweise von allen anderen Bewohnern des Gewässers, inkl. Wassergeflügel apportierenden Dackeln oder fleckgetarnten Petrijüngern, ernähren. Diese Fische haben eine Wachstumsrate, die jeder Mastputenproduzent als erstrebenswertes Planziel bezeichnen würde. Zum Beispiel so ein Rotflossenantennenwels: Als Baby frisst er am ersten Tag 20 Gramm Mulm und nimmt davon 30 Gramm zu. Dann wird er gefangen und kommt in ein Aquarium. Dort frisst er zunächst seine Beckenkumpanen, einen Diffusor, eine Morkienholzwurzel und dazu täglich einen Großkantinensack Seelachsfilets. Nach 8-monatiger All-You-Can-Eat-Diät ist sein Gewicht im zweistelligen Kilobereich, weil er neben dem oralen Vernichtungskrieg sämtliche Giftstoffe des Wassers durch Osmose seinem Stoffwechsel zugeführt hat. Und kurz bevor der Wels die ihn selbst beherbergende 240-Liter-Aquarienkombination frisst, handelt der Welsliebhaber und stellt den Fisch bei einer kostenlosen Onlinekleinanzeigenkellergerümpeltombola ein. *Wunderschöner Raubwels aus Platzgründen in gute Hände abzugeben.* Das liest irgendein anderer Irrer und denkt: „Wow, so ein Haustier habe ich mir schon immer gewünscht! Wo es schon keine Plesiosaurier mehr gibt und Flussdelfine auf Börsen so selten angeboten werden, ist das genau das Richtige für mich!“ Schnell ist der Deal perfekt. Der Preis wurde von 100 € VB plus eine Flasche roter Tafelwein auf null Euro und eine Flasche roter Tafelwein – für den Käufer – runterkorrigiert. Der Wels zieht in einem angemieteten Kleintransporter in einem Reiseplanschbecken um und bekommt jetzt endlich ein größeres Becken. Das sieht der Wels als willkommenen Grund, um jetzt erstmal richtig mit dem Wachstum zu beginnen. Nun muss der neue Welsbesitzer jeden Tag den kompletten Beifang der norwegischen Kabeljauflotte auftreiben, um seinen neuen Mitbewohner abzufüttern, und zum Dank scheidet der Wels Exkremente aus, die der Laie schnell mal profan als gewaltigen Haufen Walhailosung determinieren würde. Also muss eine stärkere Filterung her, die trotz Wasserwechselflatrate die Ausscheidungen des Welses aus dem Aquarium kompostieren soll. Kurz danach klingelt das Telefon des Welsliebhabers und ein Mitarbeiter der Stadtwerke fragt nach, was denn da mit dem Strom- und Wasserverbrauch passiert sei und ob man die Eröffnung eines neuen Freizeitbades nicht vorher mit der Stadt absprechen sollte.

Eine ganz andere Spezies sind die Aquarianer, die sich zu den sogenannten L-Welsen hingezogen fühlen. L-Welse sind Fische, die vom unbedarften Zaungast schon mal schnell als Scheibenputzer betitelt werden, was den L-Wels-Freund an den Rand einer Cholerik bringt. „Das sind keine Scheibenputzer! Das sind L-Welse", brüllt es einem da schon mal schnell entgegen. Also, ganz vorsichtig formuliert, sind L-Welse Fische, die aufgrund ihres Saugmaules in der Lage wären, die Scheiben des Aquariums zu putzen, wenn sie ihr Versteck verlassen würden. Das tun sie aber nicht! L-Welse liegen stattdessen den ganzen Tag in extra vom Welsliebhaber ungelenk getöpferten Welshöhlen. Und da diese Fische ein Heidengeld kosten und damit sich die happige Investition rechtfertigen lässt, strahlt der Welsfan regelmäßig mit einem unterarmdicken Maglite-Flutlicht gynäkologisch in die Höhle und blendet einen L-Zwölfundwatweißichnichzwanzig dermaßen, dass dieser fast sein Augenlicht verliert und vor Schreck sein Gelege aus der Höhle wedelt, welches der Welsfreund dann unter Einsatz aller verfügbaren Züchterkniffe, mit der Aufopferungsbereitschaft einer Kindergärtnerin des Jahres, künstlich erbrütet. Dabei dokumentiert er jede Zellteilung des adipösen Dottersacks mit anhängendem Welsappendix.

Der Lohn der Mühe sind prächtige Jungfische, die sofort nach Erlernen erster Schwimmzüge in einer Höhle verschwinden und erst wieder auftauchen, wenn irgendwann einmal das Aquarium platzt.

Nicht vergessen dürfen wir die Panzerwelsfreunde! Panzerwelse sind diese Fische, die die 3. Dimension nur zum Luftholen nutzen. Aber nicht so würdevoll wie beispielsweise ein Labyrinth- oder ein Schlangenkopffisch, die ruhig zur Oberfläche gleiten und einen tiefen Zug Atmosphäre durch ihr Maul saugen. Nein, dieser Fisch scheint immer bis zum allerletzten Moment zu warten, um dann panisch an die Oberfläche zu schießen. Nicht, dass er vorher eine halbe Stunde Zeit gehabt hätte, um Oxygenium nachzutanken. Nein, der Panzerwels scheint den Sauerstoffmangel zu genießen, rollt befriedigt mit den Äugelein und kurz bevor er ohnmächtig wegsackt, schießt er plötzlich nach oben, durchstößt die Wasseroberflache, japst nach Luft und ballert gleichzeitig unter die Abdeckscheibe. Und so rettet sich der Panzerwels mehrfach täglich vor dem qualvollen, herbeigesehnten Erstickungstod. Und wer dieses Verhalten seltsam findet, sollte diese Tiere erst einmal beim Liebesspiel beobachten. Der männliche Panzerwels hält dann seine Eroberung mit seiner Brustflosse an ihrem Schnurrbart fest, um ihr Antlitz dann mit seinen Erbinformationen zu bestäuben. Dieses Verhalten kennt man sonst nur von den zwielichtigen Seiten des Internets. Wer dort aber eine Sie mit Schnörres sucht, muss schon in den finstersten Ecken suchen ...

Ganz fantastische Pfleglinge sind auch die sogenannten Haiwelse aus der Gattung *Pangasius.* Tiefkühltruhe auf, rein damit, Feierabend. Wer jedoch sofort seine Freude an diesen Fischen haben möchte, hier ein praktischer Tipp: Am besten eignet sich ein Bodengrund aus Teflon, denn erst in der vorgeheizten Pfanne entfalten diese Kleinode bei etwas Meersalzzusatz und bei Zitronensäurewerten um pH 3,5 ihre ganze Pracht.

Ganz anderes Thema: Trugdornwelse. Diese Fische sind selbst L-Wels-Fans zu langweilig. Nach dem anstrengenden Schlupf ruhen sich diese Fische erst mal in den Katakomben eines Hohlblockziegels aus und warten dann die nächsten 25 Jahre regungslos auf ihre Abberufung aus der irdischen Existenz. Es soll schon tragische Unglücksfälle gegeben haben, bei denen ein solcher Wels sein Versteck verließ und schwer verletzt wurde, weil ihm plötzlich von unten eine wieselflinke Wasserpflanze in die Bauchhöhle wuchs. Oder die Fische verhungern, weil ihnen die Schnecken immer das Futter vor der Nase wegschnappen. Ich glaube ja, sie spielen mit den Bratpfannenwelsen das Spiel „Wer sich zuerst bewegt, hat verloren“. Da haben sich die Trugdornwelse aber auch einen starken Gegner ausgesucht. Denn gegen Bratpfannenwelse verlieren in diesem Match sogar regelmäßig Heizstäbe. Und wenn so einem Trugdornwels in seiner südamerikanischen Heimat doch einmal ein wacher Moment beschert wird, zuckt er irritiert zusammen und wundert sich, dass ganz plötzlich Afrika von seinem Heimatkontinent abgebrochen ist.

Und in Afrika leben Fiederbartwelse. Und die haben auch Fans. Malawi- und Tanganijkasee-Freunde pflegen diese Fische, weil es ja außer Buntbarschen und Steinen sonst nichts für sie gibt. Und diese Fiederbartwelse sind fortpflanzungstechnisch noch sonderbarer als die Panzerwelse, da sie einer überforderten Buntbarschbraut ins Maul laichen. Als wäre das nicht schon befremdlich genug, knipsen die Welsbabys dann auch noch sämtlichen leiblichen Kindern der treusorgenden Gastmutter in ihrer eigenen Mundhöhle die Lichter aus. Das macht den Gesamteindruck der Reproduktionsperformance dieser sogenannten Kuckuckswelse nicht besser. Dafür sehen die Fische aber gut aus. Sozusagen Hannibal Lecters Seelenverwandte im Gewande einer aquagescapten Maibowle. Die Fiederbartwelse, die nicht aus dem ostafrikanischen Grabenbruch stammen, machen nicht so einen kriminellen Nachwuchshokuspokus, sind aber auch meist nicht so attraktiv gefärbt, haben aber trotzdem ihre Fans. Das sind drei Stück und mehr ist nicht bekannt.

Hexenwelse gibt es auch. In den Bächen Südamerikas. Und diese sind so fantastisch getarnt und imitieren den Kies dermaßen perfekt, dass ich die gewagte Behauptung aufstelle, dass der Bodengrund mancher südamerikanischer Fließgewässer zu 50 % aus Hexenwelsen besteht. Die andere Hälfte ist Quecksilber aus dem illegalen Goldabbau.

Den Vogel schießen aber eindeutig die Welse aus der Familie der *Trichomycteridae* ab. Diese Burschen leben ebenfalls in Südamerika, und manche Arten aus dieser Sippe haben sich darauf spezialisiert, parasitär in den Kiemen großer Welse zu leben. Diese wurmförmigen Winzlinge schlängeln sich dann gegen den Strom des austretenden, sauerstoffarmen Wassers der Kiemen und nisten sich an den stark durchbluteten Kiemenbögen der Großwelse ein, wo sie sich vom Blut ihrer Wirte ernähren. Das ist ganz schön eklig. Aber noch viel ekliger ist, was passiert, wenn ein männlicher humanoider Badegast im Amazonas spürt, dass er mal pieseln muss. Das ohne Badehose zu tun ist ein denkbar schlechter Entschluss! Der Wels, der (welch fürchterliche Pointe folgt, lässt sich jetzt erahnen) als Harnröhrenwels bezeichnet wird, schwimmt dann nämlich auch gegen den sauerstoffarmen Strom und zwängt sich in die vermeintlich enge Kieme. Das habe ich mir nicht ausgedacht! Das passiert gar nicht so selten und endet immer mit einem unglücklichen Wels in einem unglücklichen Menschen. Im schlimmsten Falle gehen bei der Nummer beide hopps, da der Wels in einem Menschen nicht überleben und wegen seiner Widerhaken an den Flossen auch nicht mehr zurück kann.

Zum Glück werden diese Fische extrem selten im Zierfischhandel angeboten, weil es sonst nur eine Frage der Zeit wäre, bis im Radio folgender Dialog zu hören wäre:

Anrufer: „Hallo Domian, mein Thema heute: Harnröhrenwelse."

Domian: „Hallo, bitte was? Ich habe ‚Harnröhrenwelse' verstanden, haha."

Anrufer: „Ja, Harnröhrenwelse. Ich habe einen."

Domian: „Glückwunsch. Was ist das denn?"

Anrufer: „Das ist ein Fisch, der mir in den Schniedel geschwommen ist."

Domian: „Ach, Quatsch! Du hast einen Fisch im … Holla die Waldfee! Wie ist das denn passiert?"

Anrufer: „Eine Verkettung unglücklicher Umstände meets eigene Doofheit ... da möchte ich nicht drüber reden, aber der Fisch ist jetzt schon fast tot. Und mein Arzt glaubt mir nicht. Jetzt werde ich auch sterben. Bitte hilf mir!"

Domian: „Verarschen kann ich mich alleine! Harnröhrenwels. Du bist mir auch so ein Harnröhrenwels. Ich lege jetzt auf." ZACK! ... „So, wer ist in der Leitung?"

Anruferin: „Hallo, hier ist Günther. Ich bin auch im falschen Körper gefangen und Tierfreund. Gibt es nichts, was ich für den armen verirrten Wels tun könnte?"

Domian setzt seine Kopfhörer ab und verlässt erstmalig in der Geschichte der Sendung kopfschüttelnd das Studio ...

Und wer jetzt neugierig geworden ist und selber Welsliebhaber werden möchte, sollte sich zum Einstieg ein Pärchen stinknormaler Antennenwelse aus dem Fachhandel besorgen. Dann wird das erste Erfolgserlebnis nicht lange auf sich warten lassen. Die Vermehrung klappt nämlich absolut problemlos. Einfach das Paar nebeneinander in tabakfeuchte Küchenrolle einschlagen und ein paar Tage unter der Duschhaube tragen. Und wenn die Umgebungstemperatur nicht in den einstelligen Bereich abstürzt, gibt es bald Nachwuchs unter der Latexmütze. Und ein weiterer Aquarianer ist welsinfiziert! Willkommen an Bord.

Spechtmaske

Der junge Vollkasko-Rebell war flügge geworden und wollte das Elternhaus endgültig verlassen. Doch bevor er die erste eigene Wohnung beziehen konnte, fehlte noch etwas: die Renovierung. Was sage ich „Renovierung“, es sollte eine Revolutionierung der Renovierung werden! Eine Renovierung, deren Start sich Tine Wittler dick mit Nutella im Kalender ankreuzen würde! Den Umbau seiner ersten eigenen Wohnung hatte er nämlich schon ausgiebig im Kopf durchgespielt und was er da durchgespielt hatte, machte ihm Angst. Aber wer die Welt verändern möchte, sollte erst einmal an einer Wohnung üben! Und so sollte es ablaufen: Er wollte sich die ganze Bude mit Styroporblöcken auffüllen, sich eine Spechtmaske besorgen und dann mit nickenden Kopfbewegungen ein komplexes Gängesystem in das Styropor picken. Das würde sehr gemütlich sein, prächtig isolieren und diese Art des Innenausbaus hatte sich schließlich seit Jahrmillionen bewährt. Zwar nur bei staatenbildenden Insekten, aber als Revolutionär muss man schon mal über den Tellerrand blicken. Als er seinem Vater von den Plänen erzählte, sagte dieser: „Wunderbar, ich wusste doch schon immer, dass du ein ganz helles Köpfchen bist! Und was mir fast genauso gut gefällt wie deine Ideen sind Atomkrieg und

Brechdurchfall! Komm, du Klatschkopp, ich helfe dir beim Innenausbau, aber vorher fahren wir erst einmal zum Baumarkt mit dem orangefarbenen Bibermaskottchen. Ich muss nämlich auch noch was besorgen. Die Mutter hat bei einer Bekannten so eine schöne Stuckdecke gesehen. So was will sie jetzt auch haben. Und im Baumarkt gibt es so Leisten und verzierte Rosetten aus Styropor. Die klebe ich an die Decke und dann haben wir für 'ne kleine Mark Rokoko im Neubau."

„Die Mutter darf Styropor und ich nicht, das ist voll gemein!"

„Für deine Bude brauchst du kein Styropor, du brauchst jetzt erst einmal einen 40-Kilo-Sack Zementmörtel, Silikon und Dachlatten. Beim Renovieren braucht ein Mann immer Silikon und Dachlatten. Nur eines sollte er niemals, ich wiederhole, NIEMALS zum Renovieren benutzen: Eine Spechtmaske! Hast du gehört?!"

„Ja, Papa, lass uns fahren."

Im Heimwerkersyndikat angekommen, wollte der Vater erst mal die Styropor-Rokoko-Teile besorgen. Da er aber nicht den ganzen Baumarkt absuchen wollte, steuerte er zielsicher auf einen Infostand zu, an dem zwei Obiisten, als sie Vater und Sohn erblickten, aus ihrer Meditation erwachten und fragten: „Können wir etwas für Sie tun?"

„Ja“, sagte der Vater, „können Sie uns bitte einmal die Rosetten zeigen?“

Puh, jetzt galt es für den Junior, die Situation eloquent zu retten. Er legte seinem Vater eine Hand auf die Schulter und erhob das Wort an die Oranjes:

„Hört mal, ihr Biberbutzemänner, diesen verwirrten, älteren Fetischisten hier kenne ich nicht. Nie gesehen. Aber, ähm, mal was ganz anderes: Führen Sie Spechtmasken?“

Stille.

Der Verkäufer, der zuerst seine Fassung wiedererlangte, sagte böse blickend:

„Ah, die sind leider aus. Die letzte haben wir vor einer Viertelstunde an einen aufblasbaren Joghurt verkauft.“

„Komm, wir gehen“, sagte der Vater, „die wollen uns doch verarschen! Da frag ich ganz höflich und der Obi-Wan Kenobi drückt mir ’nen Spruch!“

„Äh, wir brauchen Zementmörtel“, warf der Sohn ein, um schnell ein anderes Thema zu beginnen, „einen 40-Kilo-Sack.“

Was ihn sehr wunderte, war, dass sie den Zement schnell gefunden hatten. Was ihn jedoch viel mehr wunderte, war das Gewicht eines 40-Kilo-Sacks! Als der Vater bemerkte, dass sein spindeldürrer Sohn vergeblich versuchte, das Gebinde anzuheben, sagte er: „Na, was ist? Nix inne Muckies? Das kommt davon, wenn man aussieht wie Gandhi nach der Wurmkur! Komm, lass mal den Vatti ran!"

Der Vater schulterte den Sack betont lässig und kommentierte sein Handeln mit: „So macht man das! Den trage ich locker bis zum Auto. Nur Weicheier packen so ein Beutelchen in den Einkaufswagen!"

Der restliche Weg durch die sehr langen Gänge erinnerte nun mehr an die Leiden Christi als an einen Baumarktbesuch, aber irgendwann hatten sie alles, was sie suchten, gefunden und konnten zur Kasse gehen. Also – der Sohn ging leichten Schrittes mit einer Tube Silikon und ein paar federleichten Styroporteilen beladen vorneweg und sein puterrotköpfiger, leiblicher Sherpa schleppte sich unter der Last des inzwischen 50 Kilo schweren Sacks gebeugt hinter ihm her, wobei er jetzt auch noch scheppernd die Dachlatten hinter sich herzog. Auf dem Parkplatz angelangt hatten Vaters Muskeln dem Hirn offenbar schon so viel Sauerstoff entzogen, dass er einen weißen OPEL Corsa „Steffi" für einen aufblasbaren Joghurt hielt und ihm „Du dösige Flitzpiepe hast meinem Sohn die letzte Spechtmaske vor der Nase weggeschnappt!" entgegenbrüllte, was die anwesenden Passanten als durchaus bedrohlich empfanden.

Doch wenig später kamen die beiden endlich an Vaters Kombi an und bemerkten, dass die Dachlatten nicht so einfach ins Auto passen würden. Aber irgendwie musste das schon hinhauen. Der Sohn öffnete die Heckklappe und die Sitze des Kombis mussten umgeklappt werden, um die drei Meter langen Latten verstauen zu können. Und nachdem die Sitze des Kombis umgeklappt waren, bemerkten Vater und Sohn, dass dadurch der Innerraum des Wagens nicht länger geworden war! Aber vielleicht passte es ja doch. Der Vater erwartete das vordere Ende der langen Hölzer im Cockpit des Wagens und dirigierte die Dachlatten. Junior schob derweil von hinten kräftig an den Langhölzern. Und als Vaters Kopf vorne zwischen Dachlatten und Windschutzscheibe klemmte, brüllte er: „Lass gut sein!“ Der Sohn verstand: „Passt gut rein!“

Und schlug die Heckklappe zu.

Nicht erneuerbar

Im Windpark fliegt ein Albatros
Zack!
Im Windpark liegt ein Halbatros

Europa

Im Jahre 2013 wurde ich gefragt, ob ich nicht Lust hätte, bei einem Poetry Slam im Rahmen des Jahreskongresses einer großen politischen Stiftung aufzutreten. Die angebotene Gage überzeugte mich beim Lesen der Zahl geradezu in Echtzeit, und so stimmte ich gerne zu. Auflage war, einen Text über das Thema der Tagung zu schreiben. Das Thema war „Jugend in Europa".

Alles klar, dachte ich und schrieb einen Text, den ich dann vor einem beachtlichen Auditorium vorlas. Meine Vorstellung davon, dass bei dem Thema „Jugend in Europa" gutgelaunte Jugendliche im Publikum wären, die meinen Text mit Gegröle und Eskalation honorieren würden, stellte sich leider als Irrtum heraus.

EU-Kommissare aus Brüssel, diverse Bürgermeister, Frau Prof. Dr. Sowieso und anderweitig hochambitionierte Politiker, Würdenträger und Abgesandte der Deutschen Welle blickten mich erwartungsfroh an, als ich mich ans Rednerpult begab. Denn meine Vorrednerin, die hochdekorierte Prof. Dr. Sowieso, hatte eine flammende Rede über das Potenzial der Jugend im Hinblick auf die Veränderungen im wirtschaftlich wie kulturell zusammenwachsenden Europa gehalten und eröffnete mit folgenden oder sehr ähnlichen Worten den Slam: „Die Problematik wird jetzt sicherlich von anderer Warte verdeutlicht und gleich wird uns die Poesie vielleicht sogar die Augen öffnen!“ Wie Recht sie haben sollte! Spätestens jetzt schwebte nur noch eine Frage über mir: „Warum steht auf meinen Zetteln so ein wirres Zeug?“

Ich begann und war froh, dass ich mir zumindest ein schniekes Hemd angezogen hatte.

„Meine Damen und Herren. Was würden wir nur ohne Europa machen? Es gäbe Probleme ohne Ende. Allein schon sprachlich! Wie sollten wir dann zum Beispiel den Europapark Rust nennen? Matthias? Oder wie würde der Europäische Aal dann heißen müssen? Der Europäische Aal heißt Europäischer Aal, weil er in die Nähe der Bahamas, also Amerika, aus dem Ei schlüpft und dann durch den kompletten Atlantik schwimmt, um die Heimatgewässer seiner Eltern zu erreichen. Diese können dann durchaus auch in Asien oder Nordafrika liegen. Selbstverständlich muss dieser Fisch, der dann zwischen Amerika und Asien bzw. Afrika pendelt, Europäischer Aal heißen! Klar, wie denn sonst? Und wenn der Aal dann doch mal nach Europa kommt, wird er entweder mit seinen Cousinen und Geschwistern im Bündel von Aal Mattes auf dem Hamburger Fischmarkt verscherbelt oder zur Begrüßung in den Turbinen der Staustufen größerer Flüsse gehäckselt. Herzlich willkommen!

Aber nicht nur die Aale wandern, nein, auch die Störche. Und was kaum einer weiß, ist, dass die Störche schuld daran sind, dass in Europa überhaupt Menschen leben. Nein, nein, keine Sorge, jetzt kommt nicht die olle Kamelle mit Klapperstorch und Kinder bringen und so, nein, der Storch bringt die Häuser!

Ich habe eine Theorie zur frühen Besiedlung Europas erarbeitet, die unverständlicherweise von der Fachwelt zur Gänze ignoriert wird. In der Literatur stehen immer nur so Sachen wie: ‚Und dann zogen die mutigen Pioniere in Felle gewickelt durch die Pampa, erfanden den Hund und jagten Mammuts, während die Kinder ihre Berufswünsche mit Kohle an die Höhlenwände malten'. Es war eigentlich immer derselbe Wunsch: ‚Ich möchte später mal irgendwas mit Mammutskaputtkloppen machen!´

Malte ein Kind den Traum von einer anderen Karriere, zum Beispiel als Hundepsychologe, auf einen Litfaß-Stalaktit, beschloss der Ältestenrat, dass dieser seltsame Zögling lieber etwas ganz anderes werden sollte. Zum Beispiel Höhlenbärköder.

So oder so ähnlich steht es in den Lehrbüchern. Jetzt kommt meine Theorie: Dass die Ursprünge der Menschheit im Gebiet des ostafrikanischen Grabenbruchs liegen, ist hinlänglich bekannt und auch ich möchte daran nicht rütteln. Aber warum verließen unsere Vorfahren diesen wunderbaren afrikanischen Kontinent überhaupt? Es gab dort jagbare Tiere in Hülle und Fülle, das Wetter war ein Träumchen und wer Lust hatte, ging jeden Tag auf Safari.

Doch dann kamen die Störche ins Spiel, und das europäische Schicksal nahm seinen Lauf: Bekanntlich verbringen Störche den Winter in Afrika. Und im Frühjahr versammeln sie sich, um nach Norden, sprich Europa, zu ziehen. Und dieses Schauspiel beobachteten die afrikanischen Menschen jedes Jahr. Da noch niemand gesehen hatte, wo die Störche brüteten, beschlossen ein paar von unseren ganz besonders waghalsigen Urahnen, den Vögeln zu ihren Brutrevieren hinterherzuwandern. Sie durchquerten Wüsten, überstiegen Gebirge und umrundeten das halbe Mittelmeer, und irgendwann hatten die Störche und ihre Verfolger das Ziel erreicht. Europa. Oder exakter: Mecklenburg-Vorpommern!

Und was die Menschen dort vorfanden, verschlug ihnen den Atem. Die Störche bauten hier ihre Nester. Und solche Nester hatten die Menschen noch nie gesehen. Das Nest eines Storchenpaares ist eine architektonische Meisterleistung und wird in Schichten errichtet.

Ganz nach unten kommt erst mal ein Bauernhof, darauf bauen die Störche einen Schornstein, auf den Schornstein legen sie ein paar Zweige und schon ist das Nest fertig. Da staunten die Frühmenschen nicht schlecht. Sie beschlossen hierzubleiben und einfach in die unterste Schicht der Nester, die Bauernhöfe, als Untermieter einzuziehen.

Da die Störche ja sogar an Kamine gedacht hatten, machten die Frühmenschen ein Feuerchen in der Hütte, die Flammen schlugen aus dem Schornstein und so entstand zu Urzeiten schon der Ausruf: ‚Da brat mir einer 'nen Storch! ' Und die deutsche Sprache war geboren.

Und dann kam der Herbst. Die überlebenden Störche hauten ab, die Menschen blieben in der Eiseskälte hocken, weil ihnen die Häuser so gut gefielen, und es wurde immer kälter. Der Winter blieb dann erst mal ein paar tausend Jahre, wurde zu einer stattlichen Eiszeit, die Störche blieben schön im muckeligen Afrika und die Menschen saßen im Eis fest, begannen zu fluchen und wünschten, sie hätten in Afrika besser irgendwas mit Störchekaputtkloppen gemacht, als ihnen hinterherzulatschen.

Und als die Temperatur und die Stimmung fast den absoluten Gefrierpunkt erreichten, erfand ein cleverer Geschäftsneanderthaler Neckermann Reisen und alle gingen nach Spanien. Da war es wärmer, aber irgendwie fehlten die Störche dann doch. Um welche anzulocken, imitierten die Menschen das Geklapper der Störche und erfanden die Kastagnetten.

Und wie alle Zeiten ging auch die des Eises vorbei, es schmolz, und als sich endlich ein gemäßigteres Klima einstellte, verteilten sich die Menschen auf ganz Europa, und ab da ging alles ganz schnell.

Hier die wichtigsten Errungenschaften: Steinbeil, das Rad, Viehzucht, Waffeleisen, Teilchenbeschleuniger. Zwischendurch gab es in dieser Erfolgsgeschichte natürlich immer wieder herbe Rückschläge: Krieg, die Pest, Krieg, die Spanische Grippe, Krieg, Hunger, Krieg, Privatfernsehen.

Und trotz all der Dinge, die im Moment nicht so gut laufen, ist Europa doch eigentlich super, um hier zu leben. Alle träumen immer vom Auswandern nach Kanada oder Australien. Ich stelle mir Australien auch wirklich schön vor, aber wenn ich an Schlangen denke, die mit einem einzigen Biss das ganze Oktoberfest auslöschen könnten, kommen mir Bedenken. Oder radkappengroße Spinnen, die unter deinem Kopfkissen auf ihren Einsatz warten. Geh mir weg! Und wenn du da ins Meer springst, trittst du zunächst in einen Steinfisch, der dir gelangweilt die Mutter aller Gifte in den dicken Onkel injiziert, dann wirst du von einer Würfelqualle zu Klump verätzt, bevor du von einem Hai zu Konfetti gestanzt wirst. Super! Da bleibe ich lieber hier.

Oder alle träumen immer von Kanada. Da sind die Viecher zwar nicht so gemein wie in

Australien, dafür aber ungeheuer grob. Gehst du da zelten, kommt nachts der Grizzly und zieht dir bei lebendigem Leibe die Wirbelsäule aus dem Jack-Wolfskin-Schlafanzug. Oder der Bär bleibt dir erspart, und wenn du nach einer Wanderung in der traumhaften Natur die nackten Füße zur Entspannung im Seerosenteich baumeln lässt, kommen unter Wasser die Schnappschildkröten angeschlichen und machen deinen Unterschenkeln mit krachenden Kiefern den doppelten Pistorius.

Nee, nee, da gehe ich lieber hier in Europa schön in den Garten und lasse mich höchstens mal von so einer kleinen roten Ameise anstrullen. Wenn ich mich da versehentlich draufsetze, brennt es zwar am Batzen, aber nach einer Viertelstunde ist der Zauber vorbei. Das ist eine angemessene Verteidigung.

Eine australische Ameise würde wahrscheinlich die ganze Siedlung mit ihrem Napalmpipi auslöschen und eine kanadische würde dich mit deinen eigenen Gartenmöbeln erschlagen, bevor sie dich in ihren Bau zerrt, um dich dort an die Larven zu verfüttern. So sieht das nämlich aus.

Und allen, die immer mosern, uns hier in Europa geht es in diesen harten Zeiten ja ach so schlecht und wir Mitteleuropäer sind arme, arme Menschen, denen möchte ich wärmstens die wahren Worte der Ruhrgebietsbewohner ans Herz legen: ‚Woanders ist auch scheiße!'"

Die Hausstaubmilbe

Unterm Bett der Hausstaub
Formiert sich zu 'ner Staubmaus
Und in der Staubmaus niest wer
Drum schnell das Mikroskop her
Diagnose:
Die Milbe, dieses arme Vieh
Hat 'ne Hausstauballergie

Buchstabenballaballa

Die deutsche Sprache ist voller Kostbarkeiten und Magie. Und die größten Wunder in diesem Tollhaus der Artikulation sind Wörter, die es eigentlich gar nicht geben dürfte, die noch nie jemand schrieb oder las, die aber trotzdem jeder kennt. Und eines dieser sagenhaften Buchstabengebilde schreibe ich gleich zum ersten Mal. Ich bin schon ganz fickerig. „Fickerig" ist auch schön, aber nichts gegen das gemeinte. Fickerig ist rein gar nichts gegen „Teita"! Ja, richtig gelesen: Teita. Doch Teita liest sich nur halb so schön, wenn sein Partner fehlt: „gehen". Zusammen ergeben die beiden das Traumduo „Teita gehen".

Seit Jahrzehnten sollen Kinder Teita gehen. Hunde gehen Gassi und Kinder Teita. Und im Idealfall sollen Kinder sogar „Teita machen". Oder noch besser „fein Teita machen"! „Komm, wir werden jetzt fein Teita machen!" bedeutet nichts anderes als „Auf geht's, lass uns spazieren gehen!". Doch wer sagte zuerst „Teita"? Woher stammt dieser Ausdruck? Das wollte ich herausfinden.

Leider musste ich dafür meine Recherche zu einem anderen Thema kurzfristig aufgeben. Ich wollte nämlich endlich ermitteln, wer dieser nebulöse Kerl ist, der sich immer so freut und von dem keiner weiß, wer er ist. Sozusagen das Phantom der guten Laune: der Schneekönig!

Wer oder was ist ein Schneekönig? Keine Ahnung, aber so ein Schneekönig geht bestimmt auch schon mal fein Teita machen.

Und woher kommt jetzt der Ausdruck „Teita“? Zahlreichen Hinweisen folgte ich und fand Folgendes heraus: Vermutlich hat Teita seine Wurzeln in dem Gruß „Adieu“, hergeleitet vom lateinischen „ad deum“. „Ad deum“ bzw. „ad dei“ wurde dann als Lallwort zu „Teita“.

Hurra, „Teita“ ist also ein Lallwort! Was muss um Himmels Willen mit einem passieren, dass man statt „Adieu“ „Teita“ lallt? Spielte bei der Entstehung der Verzehr von Pfeilgiftfröschen, Fliegenpilzen oder gar Domestos eine Rolle?

„Mein Junge, möchtest du der Oma nicht noch fein Adieu sagen?“

„Arrrrgzbröööööp Atta Adda barummmmellllop Teita!“

„Junge, was ist los? Hast du was Falsches gegessen? Ich meine, bekommt dir mein Happa-Happa nicht? Ich glaube, du gehst jetzt besser mal in die Heia!“

„Heia“ ist auch geil! Warum gehen Kinder in die Heia? Antwort: „Heia“ ist ein lautmalerischer Begriff für „Heijahr“. Und Heijahr ist ein einräumiges Schäferhaus, wie man es früher in Norddeutschland baute.

Heia kommt also nicht von „Heiapopeia“ und auch nicht von „Heiliger Bimbam“. „Heiliger Bimbam“ ist nämlich die Lallform von

„Haribo macht Kinder froh" und „Haribo" ist die Abkürzung von „Hans Riegel Bonn". Möööp! Falsch! „Hans Riegel Bonn" ist die Lallform von: ... „Öööööle von Seitenbacher, Öööööle, lecker, lecker, lecker ..." So. Wo war ich stehen geblieben? Ach ja, Heia! „Heia" ist somit Schlafen und Ruhestätte in einem. Man macht also heia in der Heia, wenn man in die Heia geht.

Was man auch noch macht, ist „ei". Nicht nur Hühner, Störe oder Schnabeltiere, nein, auch wir machen ei. Wenn wir jemanden streicheln. „Mach fein ei bei der Miezmiez!" Wenn Erwachsene oder Teenager bei einer Miezmiez fein ei machen, nennt man das „Heavy Petting". Oder man macht ei bei einem Wauwau und geht dann Gassi.

Gassi ist auch so ein Dingen. Woher kommt das nun wieder? Als ich neugieriger Fratz „Gassi" in die Suchmaschine tippte, wurde mir folgende Meldung vom 27. August 2012 angezeigt, die zwar nichts über die Entstehung des Wortes „Gassi" aussagt, aber viel über den Geisteszustand mancher Mitbürger: „Bochum, Frau führt nackten Mann an der Leine Gassi". Freunde, was ist denn da los gewesen? „Musst du noch Gassi oder Teita gehen, bevor du gleich in der Heia bei meiner Miezmiez fein ei machen darfst?" Die sind doch alle ballaballa!

„Ballaballa" bedeutet „plemplem" und plemplem ist hier, wenn ich das so geschrieben sehe, das Hässlichste, was Buchstaben bilden können. Und damit ich diesen Text jetzt nicht mit so was Schäbigem abschließen muss, am Ende noch ein Beweis, dass man mit Sprache auch Schönes vermitteln kann: Liest man das Wort „Schweinskopfsülze“ rückwärts, erhält man das Wort „Ezlüsfpoksniewhcs“. Ezlüsfpoksniewhcs ist ein Lallwort und bedeutet „Erbeerkonfitüre“.

Frau Kaschulla und der Baumstachler

Wie immer, wenn ich meine silberhaarige Nachbarin Frau Kaschulla auf der Straße traf, ging mir das Herz auf. Denn wie immer hatte sie den Blick auf ihren treuen Begleiter am anderen Ende der Hundeleine gerichtet und lächelte. Die beiden waren gemeinsam alt geworden und nun warteten sie rücksichtsvoll aufeinander bei der täglichen Runde um die Häuser. Die karierte Flagge an der Ziellinie des Lebens wehte für beide schon lange in Sichtweite.

Ich steckte meinen Schlüssel in meine Haustüre und blickte den beiden nach, wie sie ihren Weg in der Geschwindigkeit fortsetzten, in der aus Harz Bernstein wird. Was für ein friedliches Bild. In meiner Wohnung wollte ich mir einen Kaffee machen, schaltete aber zunächst den Fernseher ein. Oh, eine Tiersendung! Tierdokumentationen sehe ich für mein Leben gern. Vor allem Berichte über den Japanmakaken faszinieren mich. Der Japanmakake ist ein asiatischer Affe, der den ganzen Tag in einer warmen Thermalquelle sitzt und sich von den Damen seines Harems die Läuse aus dem Pelz popeln lässt. Zu diesem Hugh-Hefner-Lifestyle könnte ich dem Primaten den ganzen Tag gratulieren.

Aber im Fernsehen ging es gerade nicht um Affen, sondern um Baumstachler. Baumstachler, so erfuhr ich, gehören zu den Neuweltstachelschweinen und sind nicht nur ausgesprochen putzige Gesellen, nein, sie verfügen auch über ein sehr liebenswertes, freundliches Wesen. Was ich und der Baumstachler zu diesem Zeitpunkt jedoch noch nicht ahnten, war, dass es in der Sendung nicht nur nicht um Affen, sondern auch nicht um Baumstachler gehen sollte. Das Thema war Survival. Überlebenstricks für Abenteurer. Und während ich noch dachte: „Was ist der Baumstachler schnuckelig“, dachte der mit einem Paddel bewaffnete Survival-Experte: „Was ist der Baumstachler proteinreich“ und keulte den putzigen Nager brachial aus den Zweigen einer Nordmanntanne. Da war der Arsch ab! Halali!

In der nächsten Einstellung hatte das liebreizende Tierchen nicht nur sein Leben, sondern auch bereits seine Haut verloren, drehte sich dönergleich über einem Feuer um die eigene Nord-Süd-Achse und war nun kaum noch von Chucky der Mörderpuppe zu unterscheiden.

Ich war geschockt und schaltete den Fernseher aus. Noch minutenlang starrte ich auf die nun schwarze Bildröhre, wobei ich mich unentwegt bekreuzigte und „Der Herr hat's gegeben, der Herr hat's genommen“ vor mich hinbrabbelte. Der Anblick dieser rustikalen Baumstachlerzubereitung beschäftigte mich noch eine Weile, aber irgendwann hatte ich meine Gedanken sortiert: Baumstachler sind gut, Survival ist besser! Zurück zur Natur, Essen selber fangen, frische Luft. Mehr braucht es nicht zum Glücklichsein. Weniger ist mehr, back to the roots, Beschränkung auf das Wesentliche, wenn wir Bratmaxe grillen, fängt die Stimmung an!

Ich beschloss, mein Leben mit sofortiger Wirkung grundlegend zu ändern. Aber bevor ich mich ins Abenteuer Überleben stürzte, wollte ich doch noch einen Kaffee trinken. So viel Zeit musste sein! Leider waren die Kaffeepads alle. Aber ein Survival-Experte braucht doch keine Kaffeepads. In das Fach, wo normalerweise so eine Koffeinoblate rein kommt, legte ich eine Lakritzschnecke. Das daraus resultierende Gebräu schmeckte nach Freiheit und Abenteuer – und vor allem wie ein Schlag in die Schnauze, aber ich hatte etwas Warmes im Magen.

So gestärkt zog ich die Wohnungstüre hinter mir zu und im selben Moment bemerkte ich, dass mein Wohnungsschlüssel offenbar keine Lust auf Abenteuer hatte und lieber in der Wohnung auf mich wartete. Verdammte Hulle, aber da konnte ich mich später noch drum kümmern! Jetzt hieß es erst mal: Essen fangen! Und schon nach wenigen Schritten: Beute in Sicht!

Frau Kaschulla schaute etwas irritiert, als ich mich mit folgenden Worten vor ihr aufbaute: „Mein Name ist Sascha Thamm, ich habe bei einer Survival-Sendung alles gelernt, was

Sie gleich sehen werden. Ich habe die Hückeswagener Altstadt zu Fuß durchquert, bin vom 3-Meter-Brett gesprungen und fuhr ohne Ticket von Solingen Ohligs bis Wuppertal Hauptbahnhof." Noch während das Wort „Hauptbahnhof" über meine Lippen kam, stürzte ich mich auf den altersschwachen Cockerspaniel meiner Nachbarin. „Ein Gaumenschmaus wird diese herausgemendelte Sackgasse der Wolfevolution sicher nicht, aber aus den Zähnen mache ich mir Pfeilspitzen, aus der Haut einen Kulturbeutel und aus der Blase eine Badekappe." Meine Nachbarin zerrte panisch an der Leine, während ich den Hund schüttelte und erklärte, dass ich mir aus den Schlappohren Thermoeinlagen für meine Turnschuhe machen werde und aus der Nase ein Radiergummi. Frau Kaschulla befreite ihren verstörten Vierbeiner mit einem beherzten Ruck aus meiner Umklammerung und die beiden flüchteten in ihren Hauseingang.

Ja, so ist das in der Wildnis. Man hat nicht immer Erfolg. Ich trauerte diesem verpatzen Beutezug aber nicht lange nach. Der Mensch kann tagelang ohne feste Nahrung auskommen. Wer jedoch zu wenig trinkt, steht ruckzuck hinter dem Baumstachler in der Warteschlange vor der Himmelspforte, an die irgendein Schmierfink „Wer das liest, ist tot" gesprüht hat.

Um das vorzeitige Ableben durch Verdursten zu verhindern, bediente ich mich eines einfachen Survival-Tricks: Abends schlägt sich immer etwas Tau auf geparkten Autos nieder. Wenn man diesen ableckt, kann man ganz einfach seinen Flüssigkeitsbedarf decken und zugleich mit der Zunge „Wasch mich!“ in den schmutzigen Lack schreiben. Was für eine herrliche Erfrischung. Mutter Natur sorgt einfach für alles!

Jetzt fehlte nur noch ein wärmendes Feuerchen. Um eine Flamme zu entfachen, rieb ich einen Feuersalamander im Rekordtempo an einer Brennnessel, doch das Einzige, was brannte, waren meine Hände – und dem Salamander wahrscheinlich die heißgerubbelte Glatze. „Vielleicht sollte ich lieber ein Glühwürmchen gegen einen Feuerstein werfen“, überlegte ich und vernahm zeitgleich ein unheilverkündendes Rumoren in meinem Gedärm, was darauf hinwies, dass der abgeleckte Tau begann, mit dem Lakritzschneckensud einen flotten Tango auf das Parkett meines Verdauungstraktes zu legen. „Wenn's Arscherl brummt, ist's Herzerl g'sund“, versuchte ich mir beruhigend einzureden. Aber ohne Wohnungsschlüssel drohte das hier völlig in die Hose zu gehen. Es gab nur eine Lösung: Frau Kaschulla!

Als ich ihren Klingelknopf mehrfach und fordernd in die Hauswand trieb, war aus dem Tango bereits ein Pogo geworden. Als Frau Kaschulla durch den von einer Kette auf wenige Zentimeter begrenzten Türspalt blickte, fragte sie mit angsterfüllter Stimme: „Was wollen Sie denn noch?“ Ich brüllte, inzwischen auf ihrer Fußmatte auf der eigenen Ferse hockend: „Ma’ kacken! Und ich rede hier nicht von Affen!“ Sie zog die Türe panisch zu. Und wie immer, wenn irgendwo eine Türe geschlossen wird, öffnete sich eine andere …

Blues

Bei den *Fraggles* wurde bei ungeklärten Sachverhalten die allwissende Müllhalde *Marjorie* befragt. Nach ihrer Antwort sagten zwei sonderbare Plüschratten: „Die Müllhalde hat gesprochen!“ und die Unterredung war beendet.

In der Antike zog der Mensch das Orakel von Delphi bei besonders kniffligen Fragen zu Rate. Dazu wurde eine Ziege mit kaltem Wasser bespritzt. Blieb die Hippe dabei entspannt, fiel das Orakel für diesen Tag aus und der Ratsuchende musste vier Wochen später wiederkommen. Zuckte die Ziege jedoch zusammen, wurde sie geopfert und verbrannt. Und erst danach durfte endlich das Orakel befragt werden.

Da diese Methode den Menschen irgendwann zu langatmig und den Ziegen schon länger ein Dorn im Auge war, erfand ein ungeduldiger Tierschützer Wikipedia. Hat man irgendeine Frage, und mag das Thema noch so seltsam sein, hat Wikipedia sofort eine Idee, ohne sich an der Nase reiben zu müssen. Sonst müsste es ja Wickiepedia heißen. (Der ist ganz übel, sorry, aber der musste einfach sein.)

Ein Beispiel: Angenommen, der Fragestellende hat eine Frage zum Musikstil Blues und tippt dies in die Suchleiste. Sofort spuckt Wikipedia Folgendes aus: „Bluestexte sind in der Regel in der Ich-Form verfasst, das heißt, der Autor oder Sänger erzählt von tatsächlichen oder fiktiven Erlebnissen. Diese sind aber meist so stark verallgemeinert, dass eine Identifikation des Hörers mit dem Sänger nicht ermöglicht wird.“

Oder anders ausgedrückt, der Typ im Blues hat immer eine Scheißlaune, weil es immer regnet, die Frau durch fremde Betten turnt und der Alkohol an alldem Schuld ist. Die Finanzlage des Protagonisten in Bluestexten ist zudem zwingend angespannt bis aussichtslos. In einem Satz: Im Blues wird nicht geriestert! Sollte es dennoch einmal einen unverhofften Geldsegen geben, zum Beispiel wenn die reiche Tante aus Louisiana an einer Catfish-Gräte erstickt, wird die geerbte Kohle schnellstmöglich beim Spielen verzockt oder in die käufliche Liebe investiert. Bleiben dann noch ein paar Dollar über, werden diese in noch mehr Alkohol, in leuchtende Namensschilder für den Truck oder in Magazine investiert, die in der Tankstelle immer ganz oben im Regal stehen und in Folie eingeschweißt sind. Da wird sich doch wohl der eine oder andere mit identifizieren können?!

Oft geht es im Blues auch um das harte Leben auf den Baumwollplantagen. Selbstredend in der Ich-Form erzählt. Handelt der Text vom harten Leben auf der Baumwollplantage und wird aus Sicht einer hochbegabten Baumwollpflanze erzählt, dann ist es Jazz.

Blues ist Männermusik im Dauerregen. Und da Männer schlechtes Wetter nicht mögen, tragen sie Lederhüte und Lederwesten. Ja, auf Blueskonzerten sieht man tatsächlich noch Lederwesten. Ein Bekleidungsstück, das von vielen Ethnologen als abgewandelte Reliktform der Oberbekleidung keltischer Wilddiebe angesehen wird und im Alltag des 21. Jahrhunderts sonst nur noch von Fips Asmussen und Rockerbanden getragen wird. Wer fürchtet sich nicht bei dem Anblick? Die Haare ungezähmt und die gegerbte Gesichtshaut kaum von der Lederweste unterscheidbar. Wild und beängstigend. Und wer vor solch einer Gestalt Muffensausen hat, der sollte erst einmal die Rockerbanden sehen …

Doch Lederwesten sind praktisch, da sie Brusttaschen haben, in die der Mann seine Mundharmonika stecken kann – sofern er gerade nicht darauf spielt. Wenn er spielt, sitzt er vor seiner Holzhütte, schaut in den Regen und stampft mit seinen sporenbewährten Stiefeln auf die morschen Holzplanken seiner Veranda.

Männer können tolle Sachen. Mundharmonika spielen, rauchen, Kautabak kauen, Steaks essen und Blues singen. Alles gleichzeitig. Darum versteht man auch kaum eines der Wörter, die aus den Atemlöchern im Zentrum ihrer Vollbärte rumpeln. Blues ist Leben, da kommt es nicht auf die Verständlichkeit an. Blues ist kantig, mit all seinen Schattenseiten, Tragödien und Kehlkopferkrankungen. Versteht man beim erstmaligen Hören nur: „Grüüüüümmmpfff, tataaaa, tata, grüüüümmmpfff, tataaaa, tata“, entschlüsselt man die verbalen Lawinenabgänge nach mehrmaligem Hören und freut sich, dass der Sänger sogar auf Hochdeutsch singt.

Zum Weiterlesen empfehle ich, sich den folgenden Songtext vor dem inneren Ohr mit einem ganz einfachen Bluesschema selber grummelig singend vorzulesen und dabei mit einem Fuß im Takt zu wippen. Den musikalisch Anspruchsvollen lege ich Melodien von Joe Bonamassa oder Henrik Freischlader ans Herz. Aber Vorsicht! Wenn man zur atemberaubenden Bluesinterpretation dieser völlig Wahnsinnigen noch selber lesen muss, wird das ganz schnell eine so komplizierte Kiste, dass man schneller im Land der hochbegabten Baumwollpflanzen ist, als diese Gitarrenpaganinis auf ihren 50 Jahre alten kleinwagenwertigen Gibson-Les-Paul-Brettern rumorgeln können …
Also lesen wir jetzt gemeinsam einen Blues …
Los geht's!

Grüüüümmmpfff, tataaaatata …
Heute ist das Wetter mal nicht ganz so beschissen,
Die alte Sonne brennt mir auf den Pelz.
Aber, oh boy, jetzt hör mir mal gut zu:
Nach jedem Sonnenstrahl kommt ein gottverdammter Regenguss,

Der dich so einweicht,
Dass deine Finger schrumpelig sind wie Rosinen.
Wie alte Rosinen.
Wie sehr, sehr alte Rosinen.
Wie Rosinen, die so alt sind, das sie noch an Schachtelhalmen wuchsen.
Das ist so fuckin' schrumpelig.
Dann hast du den Salat und den Blues
Und schrumpelige Finger – Rosinenfinger.
Immer Regen, schon als ich jung war.
Da hat es so viel geregnet, dass ich kein Jüngling,
sondern eine Molchlarve war.
Eine schrumpelige Schachtelhalmrosinenmolchlarve
Die Einzige, die es je gab.
Und Jahre später.
Der Regen prasselte auf meinen Truck,
Mit dem ich immer meine Perle zum Kino gefahren habe.
Dann liebten wir uns auf der Ladefläche meines Muldenkippers.
In einer Fuhre nassen Mutterbodens.
Das waren wilde Zeiten,
doch heute – seht mich an,
Total runtergewirtschaftet,
desolater Gesamtzustand,
abgehalftert, ausgebombt, komplett am Arsch.
Der Truck ist schon vor Jahren verreckt.

Meine Frau mit dem gottverdammten Popcornröster des Kinos durchgebrannt.
Sie poppt den Popcornröster.
Das muss man sich mal vorstellen!
Darum habe ich das Kino in die Luft gejagt.
Mit all seinem Popcorn und dem popeligen Papas Perle poppenden
Popcornröster.
Mundharmonikasolo:
Schräääääääppppschräääääääääpschräääääääääp.

Die Cops hatten mich schnell gestellt.
Und warfen mich in ein finsteres Loch.
Da war es so dunkel wie B. B. Kings Bauchnabel – bei Mondfinsternis.
In meiner Zelle sollte ich über mein Scheißleben nachdenken.
Kam aber kaum dazu,
Da ich immer nur Blues spielte.
Auf einem unter meiner Zunge in die Zelle geschmuggelten Kontrabass
Aus Krupuk-Krabbenbrot.
Scheiße, Mann, hat das gezwiebelt, sag ich euch.
Nach vierzehn Jahren Haft
Stellte ich mich tot.
Sie nähten mich in einen Sack ein
Und warfen mich aus dem Turm des Gefängnisses ins Meer.
So war zumindest der Plan.

Alle Höllenhunde dieser miesen Welt waren Zeuge,
Wie ich mich mit dem Steiß voran
In den nassen Strand bohrte.
Da hatte ich den Blues
Und einen Blues-Erguss
Doch ich war frei und glücklich,
Jetzt bin ich grau und alt.
Blicke auf mein Scheiß-Leben zurück.
Es regnet, meine Kippen sind nass und ich habe Hunger
Und den Blues
Und versuche immer noch, aus diesem Sack rauszukommen …
Kontrabasssolo: Dbumdbumdbumdbum, dbumdbumdbumdbum, dbumdbumdbumdbum … dbuuuuuuuuuuummmmm.

Missverständnis

„Ich tu dir nichts, versprochen!“
sprach Steve Irwin zum Rochen

24. og Januar og

„Land in Sicht!“ schallte es über den Dreimaster und die skorbutgebeutelte Mannschaft schleppte sich an die Reling. Ferdinand Magellan und seine Männer hatten es geschafft. Sie hatten Puka-Puka entdeckt. Es war der 24. Januar 1521, als die Seeleute nach monatelanger Fahrt das südpazifische Atoll erstmalig erblickten. Keiner von ihnen konnte ahnen, dass Magellan bald grausam ermordet, die Mannschaft dahinsiechen und Puka-Puka auch hunderte Jahre später – außer Google Earth – keine Sau kennen würde. Bunga-Bunga würde hingegen jeder kennen – außer Google Earth. Aber Puka-Puka? Die Insel wird heute zu den Tuamoto-Inseln gezählt und gehört somit zu Polynesien. Wer von euch bei Polynesien jetzt an *Hier fliegen gleich die Löcher aus dem Käse ...* denkt, bravo, ist doch immer wieder schön zu sehen, dass manche im Erdkundeunterricht lediglich geatmet haben!

Aber Amerika hat schon mal jemand gehört, oder? Amerika. Das Land der unbegrenzten Riesenärsche in knallengen Jogginghosen und Ursprung des Dosenbieres. Am 24. Januar 1935 war in den USA Verkaufsstart des ersten Dosenbieres der Welt.

Auf Puka-Puka behaupten die wenigen Bewohner, ihre Ahnen hätten eine ähnlich geniale Verpackung für ihr bevorzugtes Erfrischungsgetränk erfunden: die Kokosnuss. Nur mit dem Öffnen war das so eine Sache. Die drei schwarzen Punkte auf der Nuss sind zum Öffnen nämlich genau so hilfreich wie drei schwarze Punkte auf der Armbinde beim Puzzeln. Bei den Bierdosen fand man eine bessere Lösung, doch es dauerte 38 – in Worten achtunddreißig – Jahre!, bis Ermal Fraze die Aufreißlasche erfand. Erst 1973, 38 Jahre nach ihrer Erfindung, kamen die ersten ohne schweres Gerät zu öffnenden Bierdosen auf den Markt – und ich auf die Welt. Am 24. Januar. Meine Mutter presste, ich schrie und der Zeichentrickhund Wum stand auf Platz 1 der deutschen Single-Charts und röchelte: „*Heute fand ich einen Suppenknochen, leider mitten im Dreck, den werd ich mir zu Mittag kochen, oder schmeiß ich ihn weg …*" In Norwegen kam an diesem Tag Bard-Inge Pettersen zur Welt, der später Beachvolleyballer werden würde. Als er seiner Mutter am 24. Januar 1973 durch den Geburtskanal entglitt, stand in seiner Heimat Wencke Myhre an der Spitze der Hitparade und trällerte „*Jeg og du og vi to og*", was wahrscheinlich so viel hieß wie: Heute og fand ich og einen Suppenknochen og …

Bard-Inge Petterson und ich wuchsen heran und die Leistungen, die Bard-Inge in den Folgejahren mit wechselnden Partnern für das norwegische Beachvolleyballteam erbrachte, lesen sich wie das kleine Einmaleins mal null des Erfolges. Irgendwann verloren sich seine Spuren nach einer Niederlage gegen Österreich. Österreich ist ja auch eine alte Beachvolleyballnation und bekannt für seine Strände …

Vielleicht ist Bard-Inge Pettersen nach dieser Schmach nach Puka-Puka ausgewandert, nennt sich dort König Inge und entwickelt gerade eine neue Generation von Kokosnüssen, die sich ganz praktisch mit einer Wasserstoffbombe öffnen lassen. Aber das ist reine Spekulation.

Wie kriege ich jetzt eine geschmeidige Überleitung von Wasserstoffbombe zu Nastassja Kinski hin? Am besten mit einem kurzen Gedicht:

Die Wasserstoffbombe ist ein schlimmes Ding
Nastassja Kinski eine Schauspielerin

(Boah, ist das gut geworden. Ich sollte in Zukunft die Klaus-Maus-Haus-Reime für Xavier Naidoo austüffteln.)

Apropos Nastassja Kinski: Sie hat am 24. Januar Geburtstag und ist die Tochter von Klaus Kinski. Klaus Kinski, heieiei! Dieser Mann hatte schauspielerisch richtig was auf dem Kasten. Ansonsten hatte der richtig was *am* Kasten! Der hat so schöne Sachen gesagt wie: „Wenn ich, Aguirre, will, dass die Vögel tot von den Bäumen fallen, dann fallen die Vögel tot von den Bäumen herunter. Ich bin der Zorn Gottes. Die Erde, über die ich gehe, sieht mich und bebt."

Das konnte nur Kinski sagen und dabei aussehen, als wären tote Vögel, tote Bäume und die gesamte tote Erde in sein Gesicht gefallen. Kinski, Kinski, ich glaube ja:

Bei dir sind Yin und Yang den Jangtsekiang runtergegangen
wie miese Piraten über Planken wankten und sanken
Und dein Gedankenstrang von Pranken, wie langen Zangen gefangen
dass einem Angst und Bang wird, von deinem Hang zum Kranken

Ja, das glaube ich. Was ich aber auch glaube, ist, dass nur die wenigsten wissen, dass auch Michelle Hunziker am 24. Januar Geburtstag hat. Und was ich an dieser Frau einfach nicht mag, ist ihr Armreifentattoo und dass sie mit Eros Ramazzotti geschlafen hat und nicht mit mir! Nur weil die Knalltüte wie eine Mischung aus einem griechischen Gott und einem Kräuterlikör heißt, springe ich doch nicht mit dem in die Kiste! Soll ich mich jetzt Hyperion Jägermeister nennen, damit das was wird? Oder Zeus Killepitsch? Komm, Schnecke, wir haben am selben Tag Geburtstag. Das ist ein Zeichen.

Lass uns unsere Leiber an den gottgegebenen Stationen andocken lassen.

Und genau das schrieb ich ihr auf Facebook. Und sie hat mir geantwortet. Aus der Nähe von Puka-Puka: „Das wird leider nichts mit uns. Ich habe hier jemanden kennen gelernt. Und ich liebe es, wenn er beim Kuscheln zu mir sagt: ‚Ja og, du og geiles Gerät og.'"

Der Bericht des Vorstands

Es gibt wunderbare Vereine, deren Mitglieder vielen Menschen Freude bereiten und hervorragende Kinder- und Jugendarbeit auf die Beine stellen. Es ist unmöglich, all die Leistungen aufzuzählen, da fast jeder schon selbst mitgemacht oder vom Engagement der Gemeinschaften profitiert hat. Und sei es als Kamelle fangender Zuschauer beim Rosenmontagszug, wo die Karnevalsvereine ein Zeug raushauen, als müsste alles, was Zucker beinhaltet, unbedingt auf den Bürgersteigen verklappt werden. Diesen Menschen, die all das erschaffen, gebührt höchster Respekt und ich ziehe meinen Hut.

Das wohlorganisierte und der deutschen Gesellschaft entsprechende Vereinswesen treibt aber auch seltsame Blüten. Diese Blüten haben nichts mit farbenfrohen Pflanzen zu tun, die an einem herrlichen Junitag ihre mit Tautropfen benetzten Köpfchen gen Morgensonne recken. Nein, es sind eher die Blüten, die in Steingutrömertöpfen, mit verstaubten Gerstenähren vermischt, im Treppenhaus auf halber Treppe stehen. Ihre gebleichten und furztrockenen Blütenstände warten im glasbausteingefilterten Licht nicht auf Bienen, sondern auf die nächste Generation Zitterspinnen.

Wer jemals in den Genuss gekommen ist, einen Einblick in diese muffigen Ecken unserer Gesellschaft zu erhaschen, geht entweder in diesem System auf wie ein Schaumkuss in der Mikrowelle, wird Kassierer oder Schriftführer und trägt die Ehrennadel bei Treffen mit befreundeten Vereinen mit stolz geschwellter Brust am Revers des Cordsakkos oder wendet sich mit Grausen ab und verzichtet auf Erlebnisse wie Wimpeltausch und gemeinsame Ausflüge zum Bauern Ewald.

Zwischen diesen beiden Extremen existiert aber auch eine Mischform, der ich angehöre: Vereinsmitglieder, die sich irgendwann mal angemeldet haben, da das gemeinsame Hobby scheinbar verbindet und sich der fehlende gute Draht zu den anderen Mitgliedern mit der Zeit schon irgendwie finden wird. Nach einiger Zeit bemerkt man jedoch, dass der zwischenmenschliche Draht dünner und oxidierter ist als vermutet und die gemeinsame Ebene noch nicht einmal im Hobby existiert.

Wenn einen nur die genetische Grundbauweise verbindet, gehen schnell die Gesprächsthemen aus. Wie sang schon der großartige Mark Knopfler in seinem musikalischen Meisterwerk *Brothers in Arms*? „… There are so many different worlds, so many different suns, and we have just one world, but we live in different ones …" Also bleibt man den Vereinsabenden immer öfter fern und die Besuchsintervalle werden immer länger. Irgendwann geht man fast gar nicht mehr hin.

Doch einmal im Jahr flattert ein Brief ins Haus: Die Einladung zur Jahreshauptversammlung. Und ich gehe immer hin! Wie immer werde ich mich an diesem Abend mit den Worten: „Warum tue ich mir das an?“ von meinen Liebsten verabschieden und mit den Worten: „Ihr könnt es euch nicht vorstellen!“ wiederkehren. Zwischen diesen beiden Sätzen liegt ein Abend, der erschütternd, ernüchternd und von der ständigen Furcht, für einen Posten vorgeschlagen zu werden, geprägt war.

Während der Veranstaltung ist mein Stuhl die Beobachtungswarte und ich fühle mich wie einst Heinz Sielmann in den schwülwarmen, nebelverhangenen Bergen Zentralafrikas, während der Silberrücken alle Anwesenden mit einer Bimmel zur Ruhe auffordert. Bestens vorbereitete Vereinsfreunde klappen ihre Mappen auf, um alle angesprochenen Programmpunkte zu notieren. Mein Gegenüber lächelt mich an und ich erblicke eine durch Zahnstein zu einem Monolithen verwachsene Kauleiste. Seltsamerweise finde ich es nicht ekelhaft, was die normale Reaktion wäre, nein, ich notiere: „Dr. Best, bitte kommen. Notfall. Dr. Best bitte kommen“, in meine Mappe. Da auch der fisselige Vollbart meines Vereinskollegen etwas unsortiert daherkommt, scheint dieser Kollege erst kurz vor der Versammlung aus seinem Schlafnest gekrabbelt zu sein.

Nachdem die üblichen Punkte abgearbeitet, der Vorstand entlastet und der Kassenbericht vorgelegt wurde, steht die Neuwahl des Vorstandes an. Keiner der bisherigen Amtsinhaber stellt sich der Wiederwahl. Sofort blickt jeder der Anwesenden stur vor sich auf den Tisch, um ja nicht vorgeschlagen zu werden. Ich drehe verlegen eine leere Cola-Flasche. Das scheint zu genügen, um positiv aufzufallen und prompt werde ich als neuer Kassierer vorgeschlagen.

Wie irrwitzig diese Idee ist! Der bisherige Kassierer, ein Mensch, der bei Regen sein Auto nicht aus der Garage holt, damit keine Wasserflecken auf dem Lack entstehen, legt jedes Jahr einen akribisch erstellten Bericht vor, der in seiner Perfektion seinesgleichen sucht. In dem pingelig geführten Werk sind sogar die Plastikflaschen aufgelistet, die durch Glasbruch ihren Pfandwert verloren. Beim Durchblättern des säuberlichst gebundenen Papierkunstwerkes sucht das Auge automatisch die freien Stellen, wo Obama und Merkel nur noch abzeichnen müssen. In einer videoüberwachten Vitrine wird dann der originale, goldene Füllfederhalter ausgestellt sein, mit dem dieser Traum von einem Kassenbericht unterzeichnet wurde.

Und dieser Posten soll nun von mir ausgefüllt werden?

Ich denke einen kurzen Moment darüber nach, ob ich in sehr schlechtem gebrochenen Deutsch antworten soll. Mit der Begründung, keinerlei Schulbildung genossen zu haben, da ja einer mit dem Tanzbären durch die Dörfer ziehen musste, um die 24-köpfige Familie, die zum Pech meiner Schwester Hydra nur aus 16 Personen besteht, ernähren zu können.

Ich verwerfe den Gedanken und antworte stattdessen: „Herr Vorsitzender, Beisitzer, meine edlen Herren, Fußvolk, seid ihr jetzt total bescheuert geworden? Wenn ich hier und jetzt zum Kassierer gewählt werde, können wir hier gleich sofort nach Verlassen der Räumlichkeiten einen Kuckuck an die Türe kleben!"

Das ausgerechnet ich für solch einen Posten vorgeschlagen werde, ist erheiternd. Wir stellen uns vor: Ein hervorragender Spitzenkoch sucht einen Nachfolger und schlägt – sagen wir mal – Bear Grylls vor. Beide bereiten Essen zu, aber der Unterschied ist frappierend. Während der eine aus Nahrungsmitteln Erstaunliches zaubert, macht der andere aus Erstaunlichem Nahrungsmittel. Was das für den Kassenbericht bedeutet? Weiß ich nach diesem hinkenden Vergleich auch nicht so genau. Ich tippe aber auf nichts Gutes.

Nach einiger Zeit sind nach langem Hin und Her die Posten neu besetzt. Ich habe die Geschworenen scheinbar überzeugt und komme ohne Pöstchen aus der Nummer raus. O. k.,

Bimmelwart haben sie mir dann auch noch zugetraut und ich habe die Wahl angenommen. Zum Ausdruck des Respekts und der Freude über den neuen Vorstand wird nicht wie in der restlichen westlichen Welt geklatscht, sondern es wird elitär mit den Knöcheln auf die Tischplatte geklopft. Beim Punkt Verschiedenes kommt es zu unkontrollierten Gesprächen und man glaubt für einen Moment, unter vitalem Leben zu sein. Und ich glaube, sogar einen kurzen Lacher gehört zu haben. Diese Ausschreitungen wurden aber schnell vom neu gewählten Silberrücken niedergebimmelt. „Ey, Vorsicht! Die Bimmel. Nicht kaputt machen. Die muss erst in die Inspektion! Ich werde mich aber kraft meines Amtes darum kümmern", ermahne und informiere ich die Runde.

Nachdem sich alle untereinander und gegenseitig beglückwünscht hatten, gab es noch Smalltalk. Die Gespräche haben meinen Gehörgang zwar passiert, kurz vor dem Gehirn wurden sie aber vom Spamfilter aussortiert. Nachdem die Versammlung offiziell für beendet erklärt wurde, trat ich mit dem guten Gefühl, die Richtigen gewählt zu haben, den Heimweg an.

Crossover

Wal und Hai waren geil
Ist ein Walhaiplandetail

Plüschtiger und Paradiesäpfel

Eigentlich finde ich Kirmes nicht so toll, da ich den Aufenthalt auf rotierenden Fahrgeschäften, deren einziges Ziel darin besteht, den Mageninhalt für die Mutter aller Bäuerchen zu präparieren, nicht wirklich genießen kann. Bevor ich auf so Dinger wie den Breakdancer gehe, schlage ich lieber auf der Autobahn bei 190 km/h das Lenkrad voll ein oder zerschieße mir selber die Reifen. Wenn sich mein Auto dann 8-mal überschlägt, wäre das zwar auch doof, aber dazu liefe wenigstens nicht *Ein Stern (... der deinen Namen trägt)*. Auf der Kirmes läuft sowieso immer genau die Musik, bei der ich mich frage, wer sich freiwillig diesen Kram anhört. Die immer gleichen stampfenden Bässe auf simpelste Melodien – und dazu ein Gesang, als würden Die Amigos in einem gefliesten Raum an einem Seeigel ersticken. Lecko mio! Und dann stehen sie da: die Kirmeszielgruppenfamilien. In ihren besten Sonntags-Jogginganzügen und mit Lebkuchenherzen, auf denen steht: *Mutti ist meine beste Freundin* oder *Papi isst meine beste Freundin*. Familien, die ich nicht bildungsfernen, sondern bildungsimmunen Bevölkerungsschichten zuordnen würde, zeigen dort voller Stolz, dass Mutti an der Losbude soeben einen gigantischen Plüschtiger gewonnen hat. Und diese missratene Kunstfaserkatze schielt nun dämlich aus dem Kinderwagen, in dem der 5-jährige Tylor Werner seinen Zorn in die Welt hinausschreien möchte, dies aber nicht kann, da er unter dem riesigen Tiger kaum Luft bekommt. „Tylor Werner, tu schön den gestreiften Löwen festhalten!“, befielt ihm seine Mutter. Oh weh, armer Tylor Werner, denke ich, und „Oh weh, armer Tylor Werner“ sage ich – wohl etwas zu laut. Sein Vater dreht sich um und blickt mich wie ein tollwütiger Straßenköter an. In seinen Augen funkelt das Aggressionspotential eines Tasmanischen Teufels. „Weißt du Strichmännchen, was ich gerade verstanden habe? ‚Armer Tylor Werner‘. Was sollte das heißen?“ „Äh, ich habe nicht ‚armer Tylor Werner‘, sondern ‚Arme teilen gerne‘ gesagt. Das sollte bedeuten, dass euer sympathisches Familienglück seine Gewinneinnahmen gerne teilt und euer entzückender Sohn die kostbare Losbudenausbeute nach Hause, also auf die Sonnenbankseite der Gesellschaft, tragen darf.“ Der Tasmanische Teufel blickte mich hasserfüllt an. Schnell fügte ich daher freundlich hinzu: „Der gestreifte Löwe ist übrigens ein Tiger. Tiger sind gestreifte Löwen ohne Mähne – und ohne Afrika. Muss man aber nicht kennen.“

„Kennt ihr denn wenigstens den Ozelot?“, fragte ich, diesmal in Richtung der hochschwangeren Mutter, die sich gerade eine Kippe ansteckte.

„Wie hast Du mich genannt? ‚Fotzekopp‘?“, fragte sie.

„Nein, Ozelot“, sagte ich schnell. „Ozelot! Das sind Raubkatzen. Die heißen übrigens Raubkatzen, weil sie sich aus Raupen entwickeln. Ei, Raupe, Katze. So läuft das in der Natur. Nicht aufgepasst in Sachkunde? Die kleine Raupekatze Nimmersatt? Seite 9? ‚Und dann fraß sie sich durch eine Schale Katzengras, zwei Mäuse und drei Brekkies. Aber satt war sie noch immer nicht.‘ Kennste, kennste?“ Der Vater grübelte kurz. Vielleicht überlegte er auch gerade, an welchem Fluss Mülheim an der Ruhr liegt. Ich nutzte das Zeitfenster, drehte mich um und rannte los. Ich rannte und rannte, bis ich einen Ort der Sicherheit und der jugendlichen Hochkultur erreichte: den Autoscooter.

Dort sieht man verliebte junge Paare und paarungswillige Jugendbanden, deren eigenwilliges Balzverhalten darin besteht, sich beim Autoscooter-Fahren gegenseitig ein Schleudertrauma in die Nackenwirbel zu rammen. Junge Liebe kann so romantisch sein.

Und dann schenkt der Autoscooter-Romeo seiner halskrauseverzierten Julia Zuckerwatte. Oder noch besser: einen Paradiesapfel. Das sind Äpfel an einem Holzstängel, die in roten Heizungslack getaucht wurden. Und der einzige Sinn dieser Lackschicht besteht darin, einem beim ersten Bissen das Zahnfleisch in Streifen zu schneiden. Guten Appetit.

Doch vor jede Pubertät mit Paradiesäpfeln hat das Buch des Lebens ein anderes Kapitel gesetzt: das Entenangeln. Da gewinnen dann dreijährige Feinmotorikverweigerer eine täuschend echte Plastiknachbildung von einem AK-47-Sturmgewehr. Und die Mädchen ein Hello-Kitty-Schminkset. Ich weiß nicht, was schlimmer ist: Die Verharmlosung einer todbringenden Waffe oder nach dem Schminken auszusehen, als wäre Olivia Jones in der Paintball-Halle mit offenem Visier ins Kreuzfeuer geraten …

Mein persönliches Highlight auf der Kirmes ist aber immer ein anderer Stand. O. k., „Stand" ist vielleicht etwas übertrieben, also, ich meine einen Tapeziertisch. Einen Tapeziertisch, auf dem kleine batteriebetriebene Hündchen in einer Holzkiste bellen, lostippeln, auf den Hintern fallen, bellen, lostippeln, ein Ohr verlieren, lostippeln, bellen, ein Bein verlieren … Aaahh! Wer kauft diese kläffenden Polyacrylbeleidigungen?!Wer? Bestimmt der, der in der Schule beim Silbenklatschen seines Namens „U-u-u-u-l-f" klatschte!

Da lobe ich mir den holländischen Pflanzenwagen. Der hat eine gewaltige Auswahl – und alles ökologisch wertvoll. Da bekommst du für 30 € ein Pflanzenpaket, damit kannst du den gerodeten Regenwald von Malaysia wieder aufforsten. Und nach der Kirmes stehst du dann mit all den Yuccapalmen, Ranken und Kakteen in deiner 2-Zimmer-Bude und denkst: „Und was mache ich jetzt mit dem ganzen Scheiß? Soll ich die Möbel rausschmeißen und ein paar Faultiere, Kolibris und Ozelote im Wohnzimmer auswildern? Oder lasse ich die ganze Botanik einfach auf dem Balkon verwelken und schmeiße sie dann weg? Ja, das ist eine super Idee, weil das machen all die anderen Pflanzenfreunde genauso."

Ach, eigentlich ist Kirmes doch gar nicht so schlecht, da lernt man viel über das Leben, seine sonderbaren Auswüchse und die Vergänglichkeit allen Seins.

Kleinanzeigen

Zauberwürfel zu verkaufen. Guter Zustand, aber Gelb fehlt.

An Liebhaber: Biete selbstaufblasbare Dartscheibe.

Suche Partnerin/-nen. Ich, m. 56/185/80 NR. gepfl., su. Fr. f. gemü. Std. zu 2. Kei finan. Int. Nix ge., all. muss. Mei. Hobb.: Musi., lang. Spaz., Kin.-Besu., Tröd.-Mar., ~~Bohn.-Supp.~~ Tel.-Nr. auf tel. Anfr.

Ca. 85 Kilo Geo-Magazine zu verschenken. Zusendung gegen ausreichend frankierten Rückumschlag.

Niveauvoller, gepflegter Gentleman sucht vorzeigbares Gegenstück für Empfänge, Studienreisen und Kulturveranstaltungen. Wenn Du gebildet bist, feine Restaurants magst und etwas von klassischer Musik verstehst, dann melde Dich doch bitte bei mir. Vielleicht schweben wir schon bald gemeinsam auf Wolke Sieben und entdecken zusammen das Wunder der Liebe. Kontakt: psychospitzhacke69@kannibalengangbang.com.

Mischlingsrüde „Spike“ an aktive Familie zum Gassigehen zu vermieten. Sehr verschmust, mag aber keine Katzen, keine anderen Rüden und keine Menschen. Und kein Wetter. Hätte er vier Beine, wäre das sicher schöner, es würde aber die pittoreske Asymmetrie mit der hängenden Gesichtshälfte zerstören. Haben Sie sich aber erst einmal an das stürmische Temperament des Angstbeißers gewöhnt, werden Sie ihn missen wollen. (Nähere Infos: www.Familiematolinski.com)

Meditation. 50 €. Werde Du mein gute an und immer vibriere herrlich Stimmung. Auch Dein Familie und Klang von Sterne und Heilende Stein. Z. B. Rosenquarz aus Rhein Herne Kanal. Kein Risiko damit. Nur gewinn + Glucklich bis immer!

Wegen Aquariumumbau: Wunderschöner Raubwels aus Platzgründen in gute Hände abzugeben, gerne auch im Tausch gegen Franziska van Almsick.

Bestseller! Ratgeber Gesundheit: Richtig Rauchen. In nur 14 Jahren von roter Hand zu schwarzem Bein.

Weißer Kater „Blacky“ aus Augenlaserzentrum entlaufen.

Konsalik-Gesamtausgabe. Besichtigung nach Absprache von Köln-Kalk bis Leverkusen-Schlebusch.

Andrea-Berg-Double auch für Ihre Firmenfeier. Live. Lassen Sie sich von Doris Matolinsky verzaubern. Stimmung. Live. Rakete. Bämm! Bämm! Bämm!

Bata-Illic-Double auch für Ihre Firmenfeier. Live. Lassen Sie sich von Dieter Matolinsky verzaubern. Stimmung. Live. Rakete. Bämm! Bämm! Bämm!

Tote-Hyäne-Double auch für Ihre Firmenfeier. Live. Lassen Sie sich von Mischlingsrüde „Spike“ Matolinsky verzaubern. Stimmung. Live. Rakete. Bämm! Bämm! Bämm!

Solvente Nachmieter gesucht. Leute, die jetzt im Atlas nachgucken, wo Solvenien liegt, werden nicht berücksichtigt.

Schweren Herzens trenne ich mich vom gestohlenen Goldschmuck meiner geliebten Tante. Fotos und Einzelheiten auf AktenzeichenXY.de

Messi sucht Gerümpel. Bitte alles anbieten.

Sta2sbsaguer ge?en Schtuzgebh§r abzuegb5n. (oedr gnere acuh i§ Taucsh geegn fun9kionüsthtcige Tastautr.%

Tausche 5-Mark-Gedenkmünze zur Erinnerung an den Besuch Rudi Völlers im portugiesischen Frisörsalon „Splisshaarbonn“ in Bonn-Beuel gegen x-beliebigen Gegenstand. Oder gegen etwas anderes.

Biete Modelleisenbahnanlage. Auf 2 x 1,5 m großer Platte montiert. Maßstab 1:87. Interessenten sollten aber trotzdem über weitläufige Kellergewölbe verfügen, da sich unter der Platte ein maßstabgetreuer Nachbau der Atta-Höhle Attendorn befindet.

Die Sensation auf der Campingmesse 2014. Rasen to go. Die Rollraseninnovation des Jahres! Jetzt auch zum Selberdrehen. Infos anfordern.

Suche Pilze.

Biete den Klassiker des investigativen Journalismus: *Zur Freiwilligen Feuerwehr gezwungen.* Feuerfeste Taschenbuchausgabe im Asbestcover.

Marken-Treppenlifter vom Fachmann für neue Mobilität in Ihren vier Wänden. NEU: Treppenmamba rapid mit Lachgaseinspritzung. (Helm und Defibrillator sind im Lieferumfang enthalten.)

Kalender mit alten chinesischen Weisheiten von Xashi Tam zu verkaufen. Mit Ratschlägen des Meisters für jede Lebenslage. Zum Beispiel: „Wer den Pfennig nicht ehrt, ist am Kölnerdommünzgeldprägeautomaten genau richtig, um die Scheißmünze plattwalzen zu lassen." Oder weitere seiner weisen Worte: „Kräht der Gockel auf dem Mist, bekommt er Stinkefüße."

Sammler aufgepasst! Biete Zinnteller. 8 Stück. Nutzen Sie diese einmalige Gelegenheit, um Ihr zinnloses Leben zu beenden.

Biete 1.879.136 Dominosteine vom Domino Day 2001. Nur an Selbstabholer, da die Steine bei unsachgemäßem Transport umkippen könnten.

Suche Spechtmaske und günstige Windschutzscheibe für Passat Kombi.

Absolute Rarität: Playboy 03/1972. Fehldruck mit Aufklapp-Poster von Willy Millowitsch.

Jahrelang haben die größten Magier aller Zeiten Las Vegas und den Rest der Welt verzaubert. Bis einer des Duos auf der Bühne von seinem weißen Tiger schwer verletzt wurde. Darum greifen auch Sie zu! Ich biete Originalautogrammkarten von Villeroy & Boch!

Keinen grünen Daumen? Werden Ihre Pflanzen von der Kirmes auch irgendwann welk? Dann bestellen Sie noch heute den neuen Wunderdünger „Super Nuklear 2000" aus Amerika. Dann werden auch Sie in Zukunft Silberzwiebeln in Rollsplitt eintopfen können und trotzdem einen gesunden und kräftigen Wuchs erzielen.

Suche Ingwerknolle mit dem Habitus von Tinky-Winky für Voodoo-Workshop.

LSD-Tours. Wir machen alles möglich. Von der maßgeschneiderten Traumreise bis zur traumgeschneiderten Marsreise. Mit uns gegen den Strom und durch den Wind. Ihr alternatives Reisebüro.

Knutt und der Motmot

Ich weiß nicht mehr, wann und von wem ich das Vogellexikon in meiner Kindheit geschenkt bekam. Es steht irgendwie schon immer in meinem hölzernen Regal und in den letzten drei Jahrzehnten vergilbte der ehemals weiße Buchrücken. Wenn ich heute in dem Werk blättere und die wunderbaren Zeichnungen betrachte, dann lese ich auch oft die kurzen informativen Beschreibungen des Federviehs. Da ich mich nie ernsthaft für Vögel interessierte, entdecke ich in dem Buch noch immer Arten, deren Name mir vollkommen unbekannt ist. Klar kenne ich die Prominenz: Mäusebussard, Mehlschwalbe, Buchfink usw., aber gehöre ich zu einer ungebildeten Minderheit, wenn ich den Hagedasch nicht kenne? Bestimmt eine unverzeihliche Bildungslücke! Auch den Schakutinga würde ich in schwachen Momenten eventuell mit dem Tuberkelhokko verwechseln. Ein Riesengnom ist, wie sicher jeder weiß, nicht von Michael Ende ersonnen, sondern eine Kolibri-Art, und in Nordbrasilien durchstreift der Motmot die Wälder, ohne zu wissen, dass er rückwärts gelesen wie ein Navigationsgerät heißt.

Wer denkt sich solche Namen eigentlich aus? Natürlich weiß ich, dass der beschreibende Wissenschaftler einer neu entdeckten Tierart einen zoologischen Namen gibt, der den strengen Regeln der binären Nomenklatur entsprechen muss. Dieser zweiteilige Name setzt sich aus der Gattung, zum Beispiel *Cyanistes*, und dahinter der Art, beispielsweise *caeruleus*, zusammen und hat eine weltweite Gültigkeit. Bei *Cyanistes caeruleus* weiß dann jeder Vogelkundler, egal ob in Wermelskirchen oder Timbuktu, dass es sich um die Blaumeise handelt. Ein tolles System.

Aber der deutsche Name wird doch auch von jemandem erdacht. Wer hielt den grauen, unscheinbaren australischen Vogel in Händen und beschloss, dass diese arme Kreatur fortan Kleiner Dickichtschlüpfer heißen soll? War es derselbe Ornithologe, der den Bindentaucher aus der Taufe hob? Bei einem Schwirl denke ich an einen Schrubber, der zu nachtschlafender Zeit bei einem Verkaufssender angepriesen wird und nicht an einen Vogel, der zu allem Überfluss auch noch zu den Grasmücken gezählt wird.

Bei einem Rotkehlchen kann ich den Namen wunderbar nachvollziehen. Rote Kehle – Rotkehlchen – super Name. Wer jemals den Ruf eines Kuckucks hörte, weiß, dass auch dieser Name treffend gewählt wurde. Würde der Vogel „Dschingdarassabum“ rufen, sollte er nicht Kuckuck heißen.

Solche und weitere Gedanken kamen mir beim Blättern in meinem Buch, bis ich plötzlich ein Bild von *Calidris canutus* entdeckte. Darunter stand: „Knutt im Watt." Knutt im Watt? Gingen da nicht noch ein paar Doppel-Ts mehr rein? Zum Beispiel „Knutt tritt Watt komplett kaputt". Wäre mein Vorschlag. Aber Scherttz beiseitte, der Vogel heißt wirklich Knutt! Alle Verwandten auf den folgenden Seiten trugen die Endung „Strandläufer" in ihrem deutschen Namen und dieser Bursche hieß kurz und knackig „Knutt"? Warum? Nach langen Überlegungen kam ich auf des Rätsels Lösung und möchte meine Theorie nun gerne dem interessierten Leser vorstellen:

Ein naturkundlicher Forscher machte sich einst auf die beschwerliche Reise gen Norden, um für Ruhm und Krone bisher unentdeckte Tierarten aufzuspüren. Den Hundeschlitten bereits mit einem erlegten Walross, einem Eisbär und einem Moschusochsen beladen, verdrehten die Schlittenhunde entgeistert die Augen, als der Wissenschaftler nun auch noch eine Schule Narwale auf den Rodel hievte. Muskulär bereits weit im sauren Bereich zog die Hundeschar im Anschluss die tonnenschwere Jagdausbeute über das Packeis, als am Horizont die Wölbung eines Iglus erschien. In der Schneekugel bereitete gerade eine Familie Eskimos („eine Familie Eskimos" durfte man damals noch ungestraft sagen, heute muss es natürlich politisch korrekt „eine Familie mit Gefrierbrandhintergrund" heißen) ihr Mittagessen zu. Der Forscher wurde gastfreundlich empfangen, doch die Konversation zwischen den Gastgebern und dem weitgereisten Mitteleuropäer verlief überaus holprig, wenn nicht gar am holprigsten. Der Wissenschaftler schaute sich in dem Iglu um. Ein ranziger Haufen Pottwal-Carpaccio lag für die Erwachsenen zum Verzehr bereit, und für die Kinder sollte es offensichtlich kleine Vögel geben, die der Polarforscher noch nie gesehen hatte und deren Anblick sein Herz vor Freude schneller schlagen ließ. Auf die gefiederte Mahlzeit zeigend, stammelte er aufgeregt: „Das heißt? Piep-piep heißt? The name of the flatter-flatter is?“ Ratlose Gesichter bei allen Beteiligten. Nur der Anführer der Familie, der genüsslich an der brutal stinkenden Walgrütze nagte, erhob das Wort und blubberte mit vollen Backen: „Knutt“, was so viel heißen sollte wie: „Kinderteller. McStrandläufer ohne Pommes und ohne Cola. Dafür aber ohne Spielzeug.“ Also schrieb der Forscher „Knutt“ in sein Notizbuch …

Mein altes Vogelbuch erklärte mir dann aber, dass es doch ein wenig anders gewesen sein muss und der Vogel wahrscheinlich nach dem dänischen König Knut dem Großen benannt wurde, der die Wellen bändigen wollte. Soso, die Wellen bändigen – da finde ich meine Erklärung glaubhafter!

Glücklicherweise bin ich mit meiner Schwäche in Federviehtaxonomie nicht allein: Ozzy Osbourne, ein Universalgelehrter mit geradezu beängstigendem Allgemeinwissen, raunzte seinen zu den Starenvögeln gehörenden Beo in der von mir gefeierten Familien-Doku *The Osbournes* mit „Shut up, you fuckin' parrot" an.

Und der kleine Bruder eines Freundes rief bei einer Wanderung durch die Rheinauen, als er einen Kormoran erblickte, freudig erregt: „Guck mal! Ein Kosovowaran!"

Ja, das ist schon so eine Sache mit den Vogelnamen. Gottlob gibt es aber eine Tiergruppe, die von der Schmach der Namensgebung verschont blieb. Denn wie sagt schon das alte Sprichwort: Bunte Libellen, die heißen nicht.

Kondome und Silberfischchen

In einer gut sortierten Buchhandlung schlenderte ich vor geraumer Zeit an dem Regal *Natur und Mensch* entlang und erfreute mich an Titeln wie:

Dynamitfischen in Venedig oder *Pfiffige Piercing-Ideen aus 10er-Kanthölzern.*

Just als ich den prachtvollen Bildband *Pilgern für Genießer, mit dem Braunkohlebagger auf dem Jakobsweg* aus dem Regal zog, gefror mein Blick. Dort stand doch tatsächlich ein Sachbuch über eine Glaubensgemeinschaft, die neben der Verfolgung religiöser Ziele dem Thema Pipi viel Platz einräumte! Was machen diese Ferkel wohl, um die Erleuchtung zu erlangen? Gelbe Messen feiern? Sich bei der Taufe gegenseitig auf die Fontanelle pullern? Widerliche Bande! Als ich einen Verkäufer darauf ansprach, warum hier solch eine Yellowpress vertrieben werde, teilte mir dieser freundlich, aber bestimmt mit, dass der Titel des Buches nicht **Urin**sekten, sondern **Ur**insekten laute, zu denen beispielsweise die Silberfischchen zählen.

Aha, aus der Urzeit sollen diese Tierchen stammen?! Das Einzige, was aus der Urzeit stammt, sind doch diese Urzeit-Krebschen. Aber selbst das ist gelogen. Die sind in Wahrheit aus dem YPS-Heft! Elende Darwinisten! Es war doch ganz anders: Am 6. Tag erschuf

Gott die Silberfischchen. Und da diese ja auch irgendwo wohnen mussten, flieste er ein Erdloch und nannte es Badezimmer. Und da er das nicht selber reinigen wollte, erschuf er den Menschen. Und Gott sah, dass es gut war und er sagte: „Viel Spaß beim Putzen und mehret euch!“ und die Menschen riefen: „Großer Vater, Erschaffer allen Lebens! Hast du eigentlich die Pfanne heiß? Erst bastelst du solche Mistviecher und jetzt sollen wir hinter denen herwischen? Hier ist nix, womit wir putzen könnten! Und schon gar nichts zum Mehren!“ Da sagte Gott: „Damit ihr putzen könnt, erschaffe ich etwas Innovatives und nenne es Klobürste und WC-Ente. Da aber alles im Leben seinen Preis hat, mache ich dafür das Vermehren komplizierter und erschaffe Frauen und Kondome.“

Genauso muss es gewesen sein, wie sonst lässt sich die folgende Geschichte erklären?

Leidenschaftlich räkelte sich meine Eroberung in den Laken. In der Hoffnung, dass es zum Äußersten kommen könnte, schraubte ich ungeübt und vor Aufregung zitternd an dem weiblichen Wesen herum. Bei meinem unkoordinierten Gefummel muss ich aber dennoch irgendeine erogene Lichtschranke ausgelöst haben, denn ich bekam das eindeutige Signal, dass der Akt an sich nun vollzogen werden könne. Waren meine sexuellen Erfahrungen bisher eher von theoretischer Natur, begann nun der Ernstfall! Bei der Vorbereitung auf diesen

Moment hatte sich die Erwachsenenvideothek leider als mangelhafter Lehrmeister erwiesen, da mich das, was ich im dritten Teil von *Black Anaconda XXL* sehen musste, eher verunsicherte. Aber jetzt gab es kein Zurück mehr, denn die Braut war heiß! Auf ihre Frage, ob ich Kondome habe, antwortete ich: „Ich habe Kabelbinder!“ Sie fand es noch nicht einmal ansatzweise so lustig wie ich und sagte: „Du, ich glaube, das würde bei mir schrubbeln …“ „Das glaube ich auch!“, sagte ich, „und darum hole ich jetzt schnell Gummis. Nicht bewegen!“

Ich sprang in meine Klamotten, hechtete das Treppenhaus hinunter, 200 Meter Bürgersteig maß ich mit 50 Schritten ab und schon stand ich schwer atmend in der Apotheke meines Vertrauens. Ich stellte mich ans Ende einer Kundenschlange, die zu einer attraktiven, jungen Fachkraft führte. Sie verkaufte den vor mir Wartenden: Zinksalbe, Zahnseide, Zovirax, Zäpfchen gegen zwickende Zipperlein und eine Zeckenzange. Ich dachte noch, das geht hier aber ZettZett, ziemlich zügig, und schon stand ich vor der Weißbekittelten.

„Haben Sie auch Sachen, die mit ‚L‘ anfangen? Und mit ‚ümmeltüte‘ aufhören?“ „Sie meinen Kondome? Aber selbstverständlich. Welche Größe?“ An Black Anaconda denkend, sagte ich: „So eher normal.“ Und um der Verkäuferin eine genaue Vorstellung meiner anatomischen Eckdaten zu geben, deutete ich mit den Zeigefingern die maximal erreichbare Expansion meiner Männlichkeit auf dem Tresen an. Die Apothekerin strahlte nun über das ganze Gesicht und sagte: „Nein, nein, die Größe der Packung meinte ich …"

Ich errötete. Die Wartenden hinter mir hatten unüberhörbar Freude an dem gehörten Dialog. Hupsala, dachte ich. Um die Situation elegant zu retten, schaute ich der Verkäuferin tief in die Augen und sagte mit weicher, gedämpfter Stimme: „Sie als Frau wissen doch am allerbesten, dass es gar nicht unbedingt auf die Größe ankommt. Schmecken muss er! So, und jetzt verkauf mir endlich die scheiß Gummis. Nicht weit von hier liegt eine hocherhitzte Dame und mir brennt die Buxe! Also mach hinne!"

Kurz darauf spurtete ich heimwärts und kehrte mit einer Antifamilienpackung *Anakonda Juniortüte gefühlsecht* in die Arme meiner Gespielin zurück und wir testeten den Neuerwerb unter Gefechtsbedingungen. Und, was soll ich sagen, hat eigentlich ganz gut geklappt – auch ohne Kabelbinder.

Schleimhäute am Limit und immer wieder Äääääähhh

Meine früheste Erinnerung an Wuppertal ist der Moment, als mein Teddy, der, wenn man ihn auf den Rücken drehte, so wunderbar bölkend brummte, in den tiefen Betongraben fiel, der die Seelöwen von den Zoobesuchern trennte. Gerade als ich kopfüber hinterherspringen wollte, zog mich meine Großmutter zurück und ich musste zusehen, wie ein Seelöwe meinen kleinen Bären mit der Schnauze aufhob und ihn auf seiner Nase balancierte. Dann biss er auf ihm rum, kaute ihn komplett zu Klump und schließlich fraß er das zerzauste Gewölle meines geliebten Teddys einfach auf. Dabei verschluckte sich die Robbe aber so böse, dass sie zu röcheln begann, die Augen verdrehte und starb. Und genau in dem Moment, als sich die Robbe mit aufgerissenem Maul final auf den Rücken drehte, machte mein Teddy in ihrem Magen: MÖÖÖÖÖHHHHPPPPP.

Ob es sich wirklich genauso zugetragen hat, würde ich nicht unter Eid bestätigen, aber im Wuppertaler Zoo war ich definitiv. Das beweist ein Foto, auf dem ich mit gelber Strumpfhose, kurzer roter Buxe, blauem Niki-Pullover mit lila Steifen und grünen Sandalen vor dem Papageiengehege stehe. Die Farbgebung meiner Klamotten war so dermaßen 70er Jahre, dass ich Glück hatte, dass zu dieser Zeit auch die anderen Menschen so bunt gekleidet waren und ich dadurch gar nicht sonderlich auffiel. Würdest du heute mit einer solch farbenprächtigen Kleidung vor dem Papageiengehege stehen, käme *ruckizucki* ein Tierpfleger, würde mit einem Kescher *zackzack* rumfuchteln und kurz darauf säßest du *krächzkrächz* zwischen den Aras auf einem geschälten Ast und würdest dich *knusperknusper* an einem Sepia-Schulp laben. *Würgwürg.*

Ich habe den Wuppertaler Zoo als Kind geliebt. Ich weiß gar nicht, wie oft ich damals dort war. Alleine das Abenteuer, mit öffentlichen Verkehrsmitteln von Remscheid nach Wuppertal zu fahren, bereitete mir im Vorfeld schon immer eine vor Aufregung schlaflose Nacht. Und meine Oma hatte dann so vollgepackte Taschen mit Proviant dabei, dass ich immer dachte, wir würden den Zoobesuch direkt noch mit einem transkontinentalen Umzug des Zirkus Sarrasani koppeln.

Waren wir dann endlich nach schier endloser Odyssee am Zoo angelangt, kannte ich dort jedes Gehege und deren Bewohner. Direkt zu Anfang standen schon vor 35 Jahren genau dieselben Flamingos einbeinig im Dreck und filterten mit ihren Schnäbeln den fressbaren Dreck aus dem Dreck des Drecks. In dem Haus, in dem heute die Tapire würzig vor sich hin aromatisieren, lebten früher die Elefanten. Zwei Stück. Ein Indischer und ein Afrikanischer. Hätte es damals Britische Elefanten gegeben, wären sie zur Vervollständigung der Rüsseltier-Kollektion bestimmt zu dritt gewesen. Und in dem Elefantenhaus lebte auch ein uraltes Flusspferd namens Lina. Die Adipöse hatte ein Badebecken, das, wie der Name schon sagt, zum Baden gedacht war. Leider wurde es von Lina aber nicht nur zum Baden, sondern ebenso gerne zum Kacken genutzt. Und da Flusspferde ihren kleinen Stummelschwanz nur dazu haben, um den eigenen Dung wie mit einem Propeller unter Wasser zu verquirlen, sah das Becken trotz regelmäßiger Reinigung aus wie ein riesiger Pott voll mit aufgeschäumter Flitzekacke. Und darin dümpelte das dicke Tier zufrieden herum und schiss sich die Wanne in Eigenregie bis zum Eichstrich voll.

Direkt daneben standen die Elefanten und rümpften ihre Rüssel. Die Tiere hatten zwar nicht allzu viel Platz, dafür aber, auch dank des besonderen Einsatzes des Flusspferdes, unheimlich schlechte Luft.

Und diese Luft war wichtig für den Zoobesucher, da er sich damit schon einmal daran gewöhnen konnte, was kurz darauf olfaktorisch bei den Ottern los sein würde. Wenn so ein Otter eines richtig gut drauf hat, dann ist das bestialisch stinken! Eine Gans ist nicht so dumm wie man sagt, ein Fuchs nicht so schlau und eine Katze hat keine sieben Leben. Aber ein Otter stinkt wirklich wie ein Otter! Was hat sich die Evolution dabei gedacht, ein Geschöpf aus dem Ärmel zu zaubern, das riecht, als hättest du ein Pfund Makrelenkompott den ganzen Sommer über in einem sonnenexponierten Gewächshaus gären lassen? Und warum sagt ein Zoodirektor: „Jau, so ein Otter, das ist ganz was Feines, so einen müssen wir haben! Den will jeder Besucher sehen. Das sind wahre Publikumsmagneten.“ Nein, mitnichten, lieber Zoodirektor, das ist ein böser, böser Denkfehler! Keiner will die sehen und vor allem will die keiner riechen! Die sollen sich irgendwo in den Sümpfen tummeln – weit entfernt von allen anderen nasenbestückten Lebensformen! In dem Ottergehege ist sowieso nie was zu sehen, da die Biester scheinbar immer nur aus der Deckung heraus stinken und sich nie dem menschlichen Auge zeigen. Wie ein Wunderbaum der Duftnote ‚Verleihnix‘, der versteckt in der Autolüftung baumelt. So etwas braucht kein Mensch! Also, weg mit den Ottern!

Gegenüber von den Ottern, da, wo heute das Pinguinbassin ist, war früher ein großzügig bemessenes Steinplattenarrangement, wo eine Familie Vierhornschafe lebte. Die Hörner standen kreuz und quer in alle Himmelsrichtungen ab, und alleine die Tatsache, dass es vier Hörner waren, lässt darauf schließen, dass der Stammbaum der Tiere ein Kreis gewesen ist. Besonders makaber fand ich aber immer, dass an dem Unterstand der Schafe die gehörnten

Schädel ihrer Ahnen angenagelt waren. „Herzlich willkommen beim Immobilienmakler H. Lecter. Ich hoffe, es stört Sie nicht, dass wir die Köppe Ihrer Vormieter draußen an die Fassade getackert haben …" Was die Schafe wohl ihren Lämmern erzählt haben, wenn erste pikante Fragen zu den Schädeln aufkamen? „Ja, mein Kind, das waren Schafe wie du und ich. Irgendwann wird dein Kappes auch mal da oben hängen. Ist das nicht ein herrlicher Gedanke?" Dann schwiegen die Lämmer immer …

Vielleicht war es den Schafen aber auch scheißegal, dass da die Schädel von Oma und Onkel (die wahrscheinlich zugleich Cousine, Opa und Enkel waren – von allen!) hingen, und sie dachten: „Ui, die bucklige Verwandtschaft sieht heute aber mal wieder ganz besonders desolat aus."

Weiter oben am Berg erwarteten einen, wie auch heute noch, das Aquarium und das Terrarium. In diesem Terrarium hat sich in all den Jahren noch nie etwas bewegt und nur ab und zu wurde der Tierbestand verändert, weil sich die bisherigen Bewohner wundgelegen hatten. Noch nie wurde ein Standby-Modus so überzeugend verkörpert wie von den Tieren des Wuppertaler Terrariums! Schlangen, Krokodile, Skinke, Vogelspinnen: Alle ganzkörperlich gelähmt und in eine mehrjährige Meditation mit integrierter Schockstarre versunken, die jeden Schalterbeamten der Eisenbahnstation

Wüste Gobi Zentrum vor Neid einnicken lassen würde.

Und wenn ich an einen Fisch des Aquariums denke, dann sehe ich vor meinem inneren Auge den blauen Quastenflosser, der dort seit dem Pleistozän als Gipsmodell an der Wand hängt. Warum ist der blau? Ein Zoo hat in meinen Augen die Aufgabe, den Besuchern Tierarten naturgetreu zu präsentieren. Ein blauer Quastenflosser würde sich im New Yorker *Museum of Modern Art* bestimmt super zwischen einem rosa Büffel und einem Linsensuppen-Mobile machen, aber in einem Zoo finde ich so viel Kreativität verwirrend. Der blaue Quastenflosser von Elberfeld wird in ferner Zukunft bestimmt ein kostbares Sammlerstück und als Fehldruck in die Geschichte eingehen.

Apropos eingehen: Schick finde ich immer die Futterküken, die bei den Greifvögeln und Kleinkatzen auf den Baumstümpfen liegen und dort den geschockt dreinblickenden Kinderaugen preisgegeben werden. Ich glaube, alle Kinder des Bergischen Landes bekamen von ihren Eltern die Vergänglichkeit allen Seins anhand dieser schlaffen, blutigen Exponate oder der Pflanzen von der Kirmes erklärt.

„Die Eule muss doch auch leben. Und dieses Eintages-Küken war bestimmt schon alt. Nein, das ist kein Blut. Du isst deine Nudeln doch auch immer mit Ketchup. Schmerzen? Nein, Küken empfinden keine Schmerzen. Die sind extra so gezüchtet. Die fallen schon tot aus dem Ei. Tot? Oh, habe ich ‚tot' gesagt? Nein, die sind nicht wirklich tot. Ich meinte, äääh, servierfertig. Und müde. Ja, müde, die Küken sind müde. Selig sind die, die einen gesunden Schlaf haben. Komm, wir gehen mal schnell weiter. Ich habe Hunger. Möchtest du in der Waldschänke gleich auch einen Hühnerbollen?"

Einmalig finde ich auch, dass früher die riesigen Raubkatzen in wenige Quadratmeter messende winzige Käfige eingepfercht waren und ihren Hospitalismus dort wunderbar ausleben konnten, während die Pampashasen bis in die Jetztzeit hinein ein Gehege bewohnen, das so groß ist wie Brandenburg. Sie teilen sich ihre Kontinentalplatte nur mit ein paar Nandus und Guanakos. (Guanakos sind diese Kamele aus Südamerika, die aussehen, als hätten sie sich selber zusammengebaut und dabei die Höcker vergessen, dafür aber die Beine falsch herum eingehängt.) Die Pampashasen haben so viel Freilauf, dass am Rande des Areals kostenpflichtige Ferngläser montiert sind.

Bei den Löwen und Tigern ist die Größe der Gehege inzwischen auch wesentlich besser geworden, aber der Eisbär bekommt in seinem Gehege aus Platzmangel auch im Jahre 2013 nur mit Mühe alle vier Pfoten gleichzeitig auf den Boden und wirft seinen Kopf regelmäßig wie ein Uhrwerk hin und her. Dieses Verhalten sagt auch dem absoluten Tiernixversteher klipp und klar: Hopsala, der Arme hat aber mal so richtig einen an der Klatsche. Der kann ja sogar schon ohne Musik auf seinem Betonpodest tanzen. Warum muss ich als Zoo einen Eisbären pflegen, wenn ich dafür keinen Platz habe? Klar, Eisbären sind gut für die Bilanzen, da ihre schnuckeligen Babys viele Besucher anziehen und damit Geld in die Kasse spülen. Aber wenn ich zum Beispiel die Vorzüge von einem Wildschweinbraten auskosten möchte, stelle ich mir trotzdem keine Rotte Schwarzwild auf den Balkon!

Die Pampashasen können über solche Platzprobleme nur milde lächeln und hoppeln in ihrem Gehege aufreizend unter den neidischen Augen der anderen Tiere einfach mal drei Daumensprünge weiter nach links, um nachzusehen, wie ihr riesiges Reich wohl hinter dem Horizont weitergeht.

Geliebt habe ich als Kind auch immer die Rutschen auf dem Spielplatz. Vor allem die lange Wellenrutsche war der Hit. Schlecht nur, wenn du lediglich ein paar Pfund wogst und dementsprechend kaum von der Gravitation erfasst wurdest. Und wenn du dann zusätzlich, so wie ich, eine Hose anhattest, die offensichtlich mit einer geheimen Magnesia-Beschichtung versehen war und überhaupt nicht rutschte, war die Freude etwas getrübt. Du bliebst dann nämlich ganz erbärmlich vor jeder Welle stehen, weil der Schwung nicht ausreichte, und musstest dich unter Einsatz deiner Armmuskulatur über den Edelstahlboden bis zur nächsten Hüppe ziehen, um dann dort sofort wieder steckenzubleiben. Warst du endlich unten und sahst, wie die anderen Kinder da runterbretterten und unten lachend meterweit aus der Rutsche schossen, blieben dir nur neiderfüllte Blicke. Vor allem, wenn dein Arsch noch immer von der bremsenden Reibung glühte.

Zum Trost gab es dann in der Waldschänke ein Eis: Dolomiti oder Flutschfinger. Magnum gab es noch lange nicht. Magnum war damals noch eine Pistole und Tom Selleck. Und an der Waldschänke gab es auch Würstchen. Die schmeckten aber so sonderbar, dass ich die Vermutung hatte, dass alles, was so über den Tag an Federvieh im Schaubrutkasten des Vogelhauses aus dem Kalkoval purzelte oder sonst noch im Zoo ins Licht ging, mit etwas Petersilie aufgehübscht und mit etwas Glutamat vermengt wurde, mit Hilfe eines Pürierstabes in der Pelle der Bockwurst landete und erst neben den Pommes Frites wieder aufwachte.

Die Waldschänke war sowieso ein Traum. Entweder sie hatte geschlossen oder sie wurde gerade geschlossen. Und wenn sie auf hatte, war das, was man dort auf den Teller bekam, ein Grund, sie sofort zu schließen. Meine Magenschleimhaut tanzt heute noch Samba, wenn ich an die Fritten denke. Dieses Problem hatten wohl noch andere, denn auch sie schafften es nach dem Zoobesuch nur mit Mühe, ihre kollabierende Verdauung unter Kontrolle zu halten. Viele schafften es nicht und schlugen sich mit einem Paket Tempotaschentücher bewaffnet dort in die Büsche, wo heute die Rad- und Wandertrasse verläuft. Ob die Sambatrasse ihren Namen wirklich von Samba tanzenden Verdauungstrakten hat, weiß ich nicht, es wäre aber zumindest eine einleuchtende Erklärung. Der Name Diarrhö-Trasse hätte mir auch gut gefallen. Mich hat aber leider keiner gefragt.

Von ganz besonderem Zauber wurde auch damals schon das Haus umweht, das oben im Wald die Kleinkatzen beherbergt. Vergiss alles, was du soeben über müffelnde Otter gelesen hast. Im Vergleich zu dem Katzenhaus ist der Gestank des Ottergeheges ein Flakon, gefüllt mit den erlesensten Aromen des Orients und flüchtig wie der zarte Duft eines Rösleins. Beim Betreten des Katzenhauses kippen einem schon während der ersten Schritte die Gläser aus dem Kitt der Brillenfassung. *Alarm! Atmung sofort einstellen!* Du versuchst das Gebäude wie ein Apnoetaucher zu durchschreiten, aber irgendwann musst du aufgeben, da jede Faser deines Körpers nach Sauerstoff japst. Aber dein Verstand sagt dir: „Du darfst nicht einatmen. Willst du leben, dann darfst du nicht einatmen!“ Dann fällt dir das Sprichwort ein, welches immer dann bemüht wird, wenn im Winter die Wohnung nicht gelüftet werden soll: *Es sind schon viele erfroren, aber noch niemand ist erstunken!* Das beruhigt dich etwas. Doch dann kannst du die Luft einfach nicht mehr anhalten und bist bereit, für den ersten Atemzug im Katzenhaus und – ja, dann atmest du vorsichtig ein. Natürlich versuchst du, dies nur durch einen schmalen Spalt deines Mundes zu tun, was aber nicht wirklich gut klappen will. Denn es passiert trotz aller Vorsicht: Die Nasenschleimhaut wird kontaminiert – die Luft des Katzenhauses berührt mit der Wucht des Meteoriteneinschlages, der einst den Golf von Mexiko kernsanierte, deinen Geruchssinn. Sofort wird dir klar, dass das Sprichwort nicht stimmt! Man kann sehr wohl erstinken! Denn genau das passiert hier gerade! Und geht so vonstatten: Deine Geruchsrezeptoren ziehen sich zusammen, wie Nacktschnecken, auf die Tabasco geträufelt wurde, und reagieren des Weiteren mit sofortiger Auflösung des Arbeitsvertrages mit der Nase. Die Nase ihrerseits kappt sämtliche Verbindungen zum Hirn, um kein weiteres Leid zu verbreiten. Das Hirn brüllt: „Beine, rennt, rennt, wir müssen hier sofort raus, sonst werden wir alle aufs Übelste kaputtgestunken!“ Und dann reagieren die Beine und du verlässt das Katzenhaus ferngesteuert, panikartig, mit brennenden Augen und genießt draußen den schönsten und tiefsten Atemzug deines Lebens. Und noch während deine benebelten Sinne neu im Hirn installiert werden, siehst du aus den Augenwinkeln, wie eine neue Gruppe Besucher, noch lächelnd, im Epizentrum des Gestankes verschwindet … Du willst sie warnen. Du hebst noch immer völlig energielos deinen Arm und sagst: „Äääähhh …“, dann verlässt dich die Kraft und du musst dich nach vorne gebeugt, die Hände auf den Knien abgestützt, wieder ganz deiner Atmung widmen. Im Guinness-Buch der Rekorde findet sich daher der Eintrag: *Mysteriös: Im Wuppertaler Zoo wird von den Besuchern seit drei Jahrzehnten ein ununterbrochener Äääähhh-Laut erzeugt. Warum, ist völlig schleierhaft. Experten vermuten, dass es sich um den ältesten Flashmob der Welt handeln könnte.*

Aber ansonsten ist die Luft im Wuppertaler Zoo eine ganz und gar entzückende. Der alte Baumbestand sorgt auch im Hochsommer für ein angenehmes Klima und macht den Besuch zu einem Erlebnis. Auch heute noch gehe ich regelmäßig und gerne in den Tierpark und freue mich, wenn mein Sohn zu mir sagt: „Warte mal hier, Papa. Ich will auch mal selber was erkunden und alleine in ein Tierhaus gehen.“ Dann warte ich draußen, esse etwas aus unseren prall gefüllten Taschen, die aussehen, als würde der Zirkus Sarrasani mal wieder umziehen und bin entzückt, wenn mein Söhnchen von seiner Erkundungstour zurückkehrt und auf meine Frage, wie es denn im Katzenhaus gewesen sei, mit einem „Äääähhh …“ der nächsten Generation antwortet.

Punktabzug

Marienkäfer, ach so hübsch, dich lieben alle
Kinder
Doch wer dich einmal angefasst, der tut dies
ungern wieder.
Die Finger stinken wirklich fies
Wenn du Vieh darüber liefst.
Geruchsnote:
Tote
Nur die Käferinnen
rufen wie von Sinnen:
„Oh, wie geil, es stinkt hier.
Ich geh steil, du Stinktier.“

Die Erde ist eine Schreibe

Eins vorweg. Ich möchte niemanden wegen einer Schwäche verhöhnen oder gar verhohnepiepeln. Ich kann ja auch nicht alles. Zum Beispiel ist meine Darbietung im Bereich der Rhythmischen Sportgymnastik getrost als erbärmlich einzustufen. Wenn jemand der verehrten Leserschaft nun einen Text über sensationell unrhythmisch vorgetragene Leibesübungen verfassen möchte – bitte schön, immer druff! Muss auch schon mal wehtun. Danke für Ihr Verständnis. Nun zum Text …

Wer früher nicht schreiben konnte, schrieb nicht. Wer einfache Buchstabenfolgen mäßig beherrschte und dies der Allgemeinheit nicht vorenthalten wollte, schrieb. Und zwar „Sex“, auf einen Stromkasten. „Sex“ wird heute auch noch gerne geschrieben, aber auch „Tupac 4 ever“. Wobei „for“ immer eine 4 ist, um anzuzeigen, dass dem Schreiber auch die Welt der Mathematik bilingual zu Füßen liegt. Auf Fertiggaragen oder Scheunentoren wird auch gerne „Eastcoast“ verewigt, was den Besitzer der Immobilie sicher mit großer Freude erfüllt, verbringt er doch seit Jahren seine Sommerurlaube an der Eastcoast. Und zwar auf Usedom.

Usedom – sollte ich jemals rappen, werde ich mich „Usedom“ nennen. Eminem und

Smudo gibt es schon und Usedom klingt nicht schlechter. Aber das nur am Rande …

Wer keinen Stift führen kann und dadurch früher vom elitären Zirkel der Schreibenden ausgesperrt war, hat heute ungeahnte Möglichkeiten. Seit Erfindung der Tastatur kann nun jeder mit den Fingerkuppen etwas in die Tasten pressen, das im Zeitalter des Internets sofort für jedermann sichtbar wird. Zum Beispiel als Kommentar unter YouTube-Videos. Unter einem offensichtlich aus dem südostasiatischen Fernsehen mitgeschnittenen Beitrag über einen Fahrradakrobaten. Bereits im Vorspann des Filmchens wurden Schriftzeichen verwendet, die eher an den Inhalt einer 5-Minuten-Terrine als an uns bekannte Buchstaben erinnerten und die Anmoderation der mandeläugigen Dame war wohlklingend, ich bin aber nicht in der Lage die Sprache einer Nation zuzuordnen.

Das alles schreckte einen unserer mitteilungswütigen Mitbürger nicht ab und er formulierte eine Frage an den tollkühnen Kunstradfahrer, der auf dem Vorplatz eines buddhistischen Tempels Pirouetten auf seinem Drahtesel drehte. „Respekt, Alter, wie lang haste geüpt?" „Geüpt" ist eine erfrischende Schreibweise und ließ mir das Herz wie eine Lotusblüte aufgehen. Übermütig, gar berauscht vom Fund dieses Rohdiamanten, wurde ich leichtsinnig und klickte mich in das Abyssal des bundeshauptstädtischen Sprechgesangs, in der Hoffnung, weitere Sprachschätze zu heben.

Meine Erwartungen sollten nicht enttäuscht werden. Allein die Titel entzündeten ein Feuerwerk der Verbalakrobatik. Der Nährboden der Texte speiste sich hingegen aus den Themengebieten „Kopulation mit allem, was einen Puls hat“ und „Wie verdiene ich viel Geld, während ich hartze“ und „Warum alle anderen Spasemacken mal gehörig was auf die Fresse verdienen“.

Ein Musiktitel, der auf diesem fruchtbaren, aber offensichtlich nicht bestellten Acker keimte und meinen Mausklick empfing, hieß: „Jeder gegen jeden“. Den Ton drehte ich zum Selbstschutz schnell ab, aber die Kommentare schienen direkt dem seligen Füllhorn der Einfalt entsprungen. Scheinbar galt auch hier das Motto „Jeder gegen jeden“.

Einen Musikfreund, nennen wir ihn aus Gründen der Diskretion „Bronxkilla1999“, verwirrten diese wüsten Beschimpfungen offensichtlich dermaßen, dass er seine Gedanken nicht nur formulieren, sondern, so wie es aussah, vor der Niederschrift auch noch kurz frittieren musste.

Der Beginn seines Kommentares ist äußerst bodenständig. Der Verfasser verliert sich am Ende des Textes bei flüchtiger Betrachtung etwas im freien Raum der willkürlichen Wortwahl, aber zwischen den Zeilen war scheinbar eine geheime Botschaft versteckt. Ein Hilfeschrei? „Bronxkilla1999“ schrieb, und blieb danach wahrscheinlich auch selber vollkommen verwirrt zurück, zum Thema „Jeder gegen jeden“: „Voll das geile Lied, weil Jeden gegen Jeden und Jeden der Gegen ist.“

Oha, das muss man erst einmal sacken lassen.

Offenbar handelt die traurige Geschichte von einer Familie namens Jeden. Diese scheint einen Ehezwist auszufechten, weil Jeden gegen Jeden ist. Eine Ursache des Streits könnte eine alte Familienfehde mit der Sippe der Gegen sein und einer der Eheleute ist womöglich ein gebürtiger Gegen. Denn, wir erinnern uns, „... und Jeden der Gegen ist.“ Die Kinder der Familien Jeden und Gegen haben es auch nicht leicht, werden sie doch aufgrund ihres Namens immerzu gehänselt. Jeden-Scheiß und Gegen-Verkehr wird ihnen ständig nachgerufen, nachdem sie Jacke und Handy abgeben mussten. Ist „Bronxkilla1999“ eines dieser armen Kinder? Ich befürchtete es. Also schrieb ich dem Urheber der kryptischen Botschaft ein paar aufbauende Worte: „@Bronxkilla1999: Kopf hoch, Alter, gegen Jeden ist gegen Gegen und Jeden also Jeden und Gegen lassen. Aber du hast Recht, der Track ist Bombe. Auf Gegen Fall. So, mein Lieber, ich hoffe, es geht dir jetzt besser. Mehr Infos auf meiner Seite: www.aus-scheisse-knete-machen.ru.“

Ich helfe halt gerne und wo ich nur kann.

Mandarinen und Chuck-Norris-Nüsse

Der Heilige Abend nähert sich unaufhaltsam und in ein paar Tagen wird wieder haufenweise elektronischer Schnickschnack den Besitzer wechseln. Vor allem die Flut an Digitalkameras wird in diesem Jahr den meistfotografierten Heiligabend in der Geschichte von *Homo olympus* belichten. Die Einstellmöglichkeiten dieser neuen Kameras sind so unerschöpflich wie verwirrend, und die meisten Besitzer werden sie heillos überfordern. Dies wird zur Folge haben, dass wieder festmeterweise geschmücktes Nadelgehölz im Unterwasser-Sport-Modus auf die Speicherchips gebannt wird. Bei späterer Betrachtung der Bilder auf dem PC rätseln dann alle, warum Mutti Fotos von einem Wirsingeintopf gemacht hat. Und wo kam der Wirsing überhaupt her? An Weihnachten gab es doch Rotkohl! Ach, das ist ja gar kein Wirsing, das ist ja der Baum und der Bauchspeck ist Tante Matti beim Geschenke-Auspacken!

Und dann werden die Bilder anschließend am Rechner bearbeitet. Aber Vorsicht: Wenn man ein Foto vom geschmückten Baum durch den „Rote Augen entfernen"-Filter jagt, sind die roten Kugeln weg! Und dass die Kamera Tante Matti mit der Gesichtserkennung nicht erfasste und der Computer selbstständig einen Ordner „Bauchspeck" anlegte, sollte man ihr, wenn überhaupt, erst nach den Feiertagen offenbaren.

Optische Tricks gibt es aber nicht nur in der digitalen Welt, nein, auch die Produzenten von analogen Mandarinen zeigen momentan wieder ihr Können. Bei der Regulierungswut in Brüssel ist es mir vollkommen schleierhaft, dass es immer noch erlaubt ist, blassgelbe Früchte in orangefarbene Netze zu packen, deren Zweck primär nicht darin besteht, die Mandarinen zusammenzuhalten, sondern das kränkelnde Obst orange und vital aussehen zu lassen. Und diese feilgebotenen Früchte gibt es in zwei Variationen. Die einen haben eine Schale, die zuerst eine dicke Schicht Luft umhüllt, weil die Frucht als solche schon so zusammengeschrumpelt ist, dass sich ein Zwischenraum entwickelte, der das Mandarineninnere wie eine eigene Atmosphäre umgibt. Beim Öffnen zischen diese Früchte druckausgleichend und man wird fast hineingesaugt. Diese Zitrusbeutel schmecken meistens scheiße, weil man minutenlang auf den zähen Häuten der dehydrierten Mandarinensegmente herumkauen muss, um die Frucht überhaupt nass zu kriegen.

Die zweite Variante sind diese strammen Kugeln, die, scheinbar gerade dem Billardtisch entrollt, mit einer strammen Botoxschale aufwarten, die so fest um den Fruchtkörper gespannt ist, dass es fast unmöglich scheint, die verdaulichen Bestandteile aus dem Fruchtkern zu bergen. Beim kläglichen Versuch, dies mit bloßen Händen zu tun, hat sich nach kurzer Zeit ein orangefarbener, blutiger Rand unterm Daumennagel gebildet, weil man sich zum wiederholten Male glasharte Schalensplitter unter den Nagel rammte. Hat man es irgendwann doch geschafft, den orangefarbenen Kastorbehälter abzuknibbeln, bemerkt man, dass die gesamte weiße Innenschicht der Schutzhülle hängenblieb und der nicht gerade koorperativen Frucht eine Geschmacksnote verleiht, die nur von Fruchtfliegen ein „Ausreichend" bekommen würde. Mit ein wenig Glück sind diese Früchte aber saftig, dann fällt es leichter, die Unmengen an Kernen runterzuschlucken.

Neben den Mandarinen werden in diesen Tagen auch wieder massenhaft Nüsse verspeist. Ungern erinnere ich mich noch daran, wie ich als Kind versuchte, Walnüsse mit der bloßen Hand zu knacken. Dazu wurden zwei Nüsse in die Hand genommen und mit beiden Händen drückte man die beiden gegeneinander, bis die schwächere mit lautem Knacken nachgab. So viel zur Theorie. In Wahrheit war es so, dass meine zarten Kinderhände es lediglich schafften, dass sich die schwächere Nuss an der mittleren Naht einen spaltbreit öffnete. Und als mein Kräfte nachließen, schloss sich diese Öffnung wieder – nicht ohne einen Teil meines Daumenballens zu packen und mit der Kraft einer Mördermuschel festzuhalten. Die Reaktion meinerseits war, brüllend durch die Wohnung zu rennen, die Hand mit der festgebissenen Nuss zu schütteln und die Erlösung folgte erst, als mein Vater die botanische Bärenfalle mit einem Ruck von meiner Hand riss. Zurück blieb ein Drittel Schmerz, ein Drittel Bluterguss und ein Drittel Frage, warum auf Walnussverpackungen keine Warnhinweise stehen.

Auf jedem Ü-Ei liest man, dass Kleinteile eingeatmet werden können. Aber dass man von einer Walnuss angefallen wird, finde ich viel dramatischer als ein zwölfteiliges Happy-Hippo-Puzzle zu inhalieren.

Auch der folgende Satz wird in den nächsten Tagen sicher wieder für dramatische Szenen sorgen: „Opa, wir glauben nicht, dass du mit deiner neuen Titanprothese diese Paranuss wirklich aufkriegst!“

In der Natur hat alles einen Zweck und jede Anpassung ist sinnvoll. Der Seeelefant ist so fett, damit er im eiskalten Wasser nicht friert, der Schnabel des Kolibris ist so lang, damit er auch den Nektar in tiefen Blütenkelchen erreichen kann. Und Paranüsse sind so hart, damit nichts passiert, wenn mal der Mond in den Regenwald stürzt. Da der Name „Paranüsse“ bestimmt von „Paranoia“ abgeleitet ist, dachte der Baum bei der Entwicklung seiner Früchte wahrscheinlich: „Mann, was habe ich heute wieder viel rumgestanden und mir einen Wolf photosynthiert. Aber jetzt muss ich dringend meine Nachkommen vor der nahenden Katastrophe schützen. Denn irgendwann wird der Erdentrabant abstürzen und die Erde mit einer Supernova vernichten. Das Universum wird explodieren und nur die Härtesten werden überleben: Diamanten und meine Chuck-Norris-Nüsse.“

Die gelbe Buxe

Weihnachten ist doch das Fest der Kinder. Während es sich bei den Erwachsenen in diesen Tagen hauptsächlich ums Essen-Zubereiten, Einkaufen und Parkplatzsuchen dreht, können sich die Kleinen auf das Wesentliche konzentrieren: die Bescherung! Und wenn die Racker mit roten Bäckchen die unter dem Baum arrangierten Präsente erblicken und ihre Äugelein im Schein der unzähligen Kerzen strahlen, strahlen auch die Erwachsenen. Bis Mama der Tante Matti die Sache mit den Wirsingfotos mit Bauchspeck erklärt …

Bei uns wurde immer erst am ersten Weihnachtstag früh morgens beschert. Nach einer vor Aufregung fast schlaflosen Nacht riss mich ein Glöckchen aus der mühsam erkämpften Tiefschlafphase. Sofort sprang ich aus dem Bett und stürzte ins Wohnzimmer. Aufwachen, aufspringen und losrennen in einer Sekunde. Ich bewundere meinen Kreislauf von damals. Würde ich heute aufwachen, aufspringen und losrennen, käme ich taumelnd bis zur nächsten Türzarge ...

Früher erreichte ich jedoch unversehrt das Wohnzimmer, war hellwach und konnte es kaum erwarten, mich auf die Geschenke zu stürzen. Ich war zwar immer ein bisschen sauer, dass meine Eltern das Christkind gesehen hatten und ich nicht, aber da konnte ich mit leben.

Als ausgleichende Strafe mussten meine Eltern dann nach dem Auspacken der Geschenke ein Martyrium durchlaufen, welches den ganzen Vormittag andauern sollte. Wurde beispielsweise um 6 Uhr morgens beschert, mussten meine Eltern in Ermangelung von Geschwistern in Schichtarbeit stundenlang in meinem neuen, von ihnen selbstgebauten Kaufladen einkaufen. „Bimmelim, guten Morgen, was darf es sein? Ah, eine Großpackung Persil, gerne. Das macht drei Pfennig. Auf Wiedersehen, beehren Sie uns bald wieder, bimmelim!"

Nachdem ich die Produktpalette meines Warenangebotes genauer untersucht hatte, bemerkte ich, dass einige der Miniaturartikel gefüllt waren. Deren krümeliger Inhalt war nicht genau zu identifizieren und schmeckte nach nichts. Wie Puffreis ohne Spuren von Reis. Im Nachhinein glaube ich, dass Sitzsäcke und billige Jonglierbälle damit ebenfalls gefüllt werden. Lediglich die kleinen Maggi-Fläschchen enthielten, was die Etiketten versprachen und wurden zu meiner größten Verzweiflung von meiner Cousine nach ihrem ersten Einkauf in meiner Shopping Mall auf ex geleert.

Das alles spielte sich Ende der 70er Jahre ab und man kann nur dankbar sein, dass die Fotos von damals in Farbe sind. Denn eine gelbe Strumpfhose zog sich wie ein roter Faden durch meine Kindheit und muss mir ein treuer Begleiter gewesen sein. Egal aus welchem

Jahr die Fotos auch stammen, die curryfarbene Jane-Fonda-Gedächnisbuxe war immer dabei. Gelbe Buxe mit Beißring, gelbe Buxe mit Bobbycar, gelbe Buxe mit BMX-Rad, gelbe Buxe mit Mofa.

Das Farb-Arrangement dieser psychedelisch anmutenden Fotos, denen man das Entstehungsjahr anhand des immer weiter freigelegten Gummizuges meines Beinkleides ansieht, würde ich heute als äußerst gewagt bezeichnen. Die gelbe Hose in Kombination mit der orange-giftgrün leuchtenden Wohnzimmertapete an azurblauem Flokati-Teppich hätte selbst Timothy Leary aus der Erdumlaufbahn gekegelt.

In einem Jahr ist eine andere Umgebung auf den Fotos und ich habe einen Walkman in der Hand. Ich erinnere mich, als wäre es gestern gewesen: Wir befanden uns in Österreich im Winterurlaub und das Christkindchen brachte mir eines diese neuen, hippen Wunderdinger, obwohl es das Wort „hipp“ damals nur im Zusammenhang mit Kindernahrung und Claus gab. Ich war nun also stolzer Besitzer eines Walkmans! Ein schweres Gerät, das entwicklungsgeschichtlich genau zwischen Faustkeil und MP3-Player stand. Dazu bekam ich zwei Kassetten. *Shakin' Stevens*, der Möchtegern-Elvis der Achtziger, und die neue „Scheibe“ von *Boy Georges* Band Culture Club.

Auf der Vorderseite der Kassette war ein Bild der Kapelle und ich bewunderte Boy Georges

Haarpracht. Ich glaubte tatsächlich, die bunten Dreadlocks seien echt. Erst Jahre später bemerkte ich, dass es künstliche Zöpfe waren, in die offensichtlich sämtliche Landesfähnchen eines Käseigels und ein paar auseinandergefallene Zauberwürfel eingeflochten waren.

Und diese beiden Kassetten liefen nun also den ganzen Tag. Da der Walkman nur vorspulen konnte – und das sehr langsam – musste man, um sein Lieblingslied erneut hören zu können, die Kassette umdrehen, vorspulen, wieder umdrehen und hoffen, dass man in etwa am Anfang des gewünschten Stückes gelandet war. Mein Lieblingslied war *Karma Chameleon* und um es immer wieder hören zu können, spulte und drehte ich wie der Teufel. (Ich dachte übrigens jahrelang, dass das Lied von einem des Farbwechsels befähigten Reptils namens Carmen handelt.)

Das Rückspulen der Kassetten dick in Winterklamotten verpackt langlaufend in einer österreichischen Loipe zu tun, war nur erfahrenen Wintersportlern zu empfehlen. Da ich Wintersport schon immer verachtete und nicht sehr souverän die Loipen durchwatschelte, bin ich inzwischen sicher, dass mich damals ein Filmproduzent beobachtet und das als Grundidee zur Verfilmung von *Die Reise der Pinguine* genutzt hat.

Doch während die Pinguine nur marschieren mussten, hatte ich es nicht so einfach. Denn entweder fiel mir ständig die Kassette oder gleich der ganze Walkman in den Schnee oder die Batterien drohten schon wieder schlapp zu machen. Durch das ständige Spulen brauchte das Gerät nämlich noch mehr Strom und wenn die Batterien dann mal wieder schwächer wurden, begann die Zeit der tiefen Töne. Das Band drehte sich immer langsamer, bis sich Boy Georges Stimmlage irgendwo zwischen Barry White und dem Nebelhorn der *Queen Mary* einpendelte und mit einem letzten tiefen „CAAAAAAAAAAAAAAAARMMMMMMÖÖÖÖÖÖÖÖÖN" endgültig in den Infraschall abschmierte.

Gerne würde ich diese Kassetten heute noch einmal hören, habe aber keine Ahnung, wo die abgeblieben sind. Wahrscheinlich endeten sie in einem Bandsalat, verhedderten sich mit dem Gummizug meiner gelben Buxe, oder der ganze Kladderadatsch landete einfach so im Müll. Da dies ein sehr trauriger Schluss der Geschichte wäre, am Ende noch etwas Positives: Boy George hat die Haare ab.

Gegen den Strom

Der Wattwurm war total verwirrt
Er hatte sich ins Volt verirrt

Ostseeimpressionen

22. Juli im Jahre des Herren 2013, irgendwo am Ostseestrand:

Ich wusste ja, dass Ohrenquallen zu 98 Prozent aus Wasser bestehen. Ich wusste aber nicht, dass das Wasser der Ostsee zu 98 Prozent aus Ohrenquallen besteht. Etwas irritiert betrachtete ich daher die transparenten Tiere, die wie riesige, pulsierende Kontaktlinsen um meine Beine gespült wurden. Meine ersten Schritte in der Ostsee fühlten sich dank der zahllosen Quallen an, als würde ich in einen mit Salzlake gefüllten Beutel steigen, in dem tausende Mozzarellas schwimmen.

In der Ostsee gab es aber noch mehr zu entdecken. Zum Beispiel die Drillingshaken eines Blinkers, die sich in meinen Fuß bohrten. Blinker sind diese Metallköder, die ein Angler benutzt, um damit unvorsichtige Fische zu piercen. Oder Badegäste. Mit etwas Gewalt gelang es mir aber, die Haken am Strand mit einer sandverklebten, sterilen Krabbenschere aus meinem Gewebe zu hebeln. Und während ich da an meinem Fuß rumprokelte, stand auf einmal ein Pärchen schaulustiger Rentner bei mir und gab mir wertvolle Tipps zur Wundversorgung, die sie sich bestimmt aus der Apotheken Umschau zusammengegoogelt hatten:

„Sie müssen einen Rosenquarz auf die Wunde legen, der von einer unberührten Apachensquaw bei Vollmond aus dem Sediment des Rhein-Herne-Kanals gewaschen wurde", wusste die ältere Dame. „Oder du musst dir da mal richtig ordentlich draufpissen", riet mir ihr Mann. Etwas angenervt blickte ich zu den beiden Schlaumeiern hoch. Wie sehen die denn überhaupt aus? Das sehe ich ja jetzt erst! Sie: Figurtyp Dolomiten-Zentralmassiv, bestimmt mit einer Konfettikanone in die Presspassung eines gewaltigen Badeanzuges geschossen. Mein erster Gedanke: „Oh, hat der Christo nach dem Reichstag jetzt auch *Jabba the Hutt* verpackt?"

Ihr Ehemann war eher der asketische Typ und hatte eine unfassbar braun gebrannte, ledrige, faltige Haut auf seiner Unterkonstruktion schlockern. Bekleidet mit einem Goldkettchen und einer Bild-Zeitung. Mehr nicht. Bedeutet: Freier Blick auf Gravitationsgedehntes. Mein erster Gedanke: Das ist ja Lang Lang, und ich meine jetzt nicht den Chinesen am Klavier. Doch warte mal, was hat der denn da am Rettich hängen? Das musste ich mir aus der Nähe ansehen. Leider blieben meine neugierigen Blicke nicht unbemerkt und der Senior fragte: „Gibt es was Besonderes zu gucken?" „Ja", erwiderte ich, „ich weiß nicht, wie ich es sagen soll, aber hör mal, ich glaube, du hast dich da ganz böse in 'nen Blinker gesetzt ..." „Nein, nein, alles gut", sagte der Herr, „das sind Ringe.

300 Gramm. Edelstahl. Piercing, wie ihr jungen Tagediebe sagen würdet.“

„Oha, dann will ich mal nichts gesagt haben und wünsche noch einen schönen rostfreien Urlaub. Ich schüttelte mich bei der Vorstellung, nickte zum Abschied gequält freundlich und warf den rausoperierten Blinker ins Meer zurück, damit der Angler schon bald den nächsten Beifang am Haken begrüßen konnte.

Auf den Schrecken brauchte ich erst einmal eine Abkühlung. Also bestellte ich mir am Strandkiosk einen großen Becher Waldmeister-Slush. Slush ist dieses gequirlte, knallbunte Eisgeschredder, das die Vitamine B, A, S und F enthält. Gierig saugte ich drei Züge der grünen Erfrischungschemikalie durch den bratwurstdicken Strohhalm. Jeder, der schon einmal Eiskaltes zu schnell konsumierte, weiß, was dann geschah: Ich bekam ein abartiges Stechen hinter dem Auge! Der Schmerz fühlte sich an, als würde eine rote Ameise ihre Säure von hinten in die Pupille pinkeln, während ein Ameisenbär von vorne versucht, die Ameise mit einer laufenden Stichsäge aus dem Schädel zu sägen.

Und genau im Moment des größten Schmerzes zerriss ein spitzer Schrei die Luft. Eine Frau brüllte mit sich überschlagender Stimme. Und dann sah ich, warum …

Es gibt auf dieser Welt zwei Lebensformen, die sich auf sechs Beinen fortbewegen: Insekten und fickende Hunde. Und genau das sah ich.

Aber ohne Insekten. Ein äußerst unansehnlicher Mischlingsrüde zerrammelte hier wohl gerade den wertvollen adeligen Stammbaum der Hündin. „Oh nein, meine Gräfin Adelheid vom Drachenfels ist gerade läufig", keifte die Dame.

„Das trifft sich gut, mein Spike kommt auch von einem Drachenfels", sagte der Besitzer des Rüden, „die haben den nämlich in Mordor aus Resten zusammengenäht!" Die Dame war völlig außer sich und zeterte: „So tun Sie doch etwas!" Dabei sah sie ausgerechnet mich an.

Ich exte meinen Becher Slush, krümmte mich unter den Schmerzen und sagte mit grässlich verzerrtem Gesicht: „Ihre Hündin bekommt bald kleine Orks aaahh und meine Augen aaahh bekommen gerade Ameisen und Stichsägen. Aaahh die Natur kann grausam sein, wir sollten sie aber dennoch schützen und lieben! Aaahh."

Während dieser Worte fiel mir der leere Slush-Becher aus der Hand. Er wurde von einer Böe erfasst, rollte über den Strand und wurde ins Meer geweht. Das blieb vom Rentnerpaar nicht unbemerkt und der gepiercte Lederstrumpf stieg in die Fluten, um den Becher zu bergen. Kurz vor Erreichen meines Plastikmülls zuckte der Senior – und zeitgleich die Rute des Anglers.

„Aua, mein Fuß!", schrie der Rentner. „Einfach draufpissen", rief ich zurück, und „Was für ein Albtraum!", stammelte die Hundebesitzerin.

Boah, Ostsee, was ist das schön hier. Ich bin jetzt schon total erholt.

Mama Rodriguez' Tipps für Haushalt und Alltag

Mama Rodriguez ist eine mexikanische Borderlineschwalbe, die vor vielen Jahren in der längst im Unrat versunkenen Wüstenstadt Axolotlpipicacá fünf Söhne, von sechs Männern, gebar, als sie gerade leicht bekleidet an einen Kaktus gelehnt an einer Tequila-Verkostung teilnahm. Und diesen Jungs gab sie, neben einer verwahrlosten, staubigen Jugend, auch die heilige Familienkladde mit auf den Weg, in der folgende Weisheiten niedergeschrieben waren ...

Da Kautabak die Zähne ruiniert, kaue ich seit Jahren nur noch Nikotinpflaster. Wem die nicht schmecken, dem empfehle ich Nikotinzäpfchen. Insider-Tipp: Unzerkaut schlucken!

Tipp für Weltenbummler: Der Biss der Klapperschlange hört sofort auf zu schmerzen, nachdem man gestorben ist.

Ist das Gartenhäuschen unaufgeräumt und voller Spinnweben, brenn es nieder.

Vor Zubereitung der Weihnachtsgans Nils Holgersson entfernen.

Wenn Sie sich in der Wüste verlaufen, orientieren Sie sich an den Kakteen. Ihre Spitze zeigt immer nach oben.

Schnittblumen bleiben länger frisch, wenn man sie einfriert.

Kräuter gehören in jede Küche. Aber Kerbel braucht keine Sau.

Läuse im Salat? Dippen Sie den Lollo Rosso in Terpentinersatz und die Läuse verschwinden synchron mit dem unansehnlichen Chlorophyll.

Aus Spielsand lässt sich mit ein wenig Geschick ein schöner Haufen schüppen.

Marzipanbrote selber machen? Ganz einfach: Wickeln Sie eine Wurst aus Reinol-Handwaschpaste in Alufolie. Fertig.

Die steile, gefährliche Kellertreppe glänzt wie neu, wenn man sie einölt.

Angebrochene Sektflaschen nach einer Feier? Eine Sprudeltablette Badewannenzusatz „Latschenkiefer" genügt, um dem schalgewordenen

Getränk wieder frisches, prickelndes Leben einzuhauchen.

Selbstgemachte Pizza gelingt am leckersten, wenn man sie beim Italiener bestellt.

Heißhunger auf frische Weintrauben, aber keine im Haus? Pumpen Sie ein paar in Parkett-Glänzer getunkte Rosinen mit der Ballpumpe auf. Guten Appetit.

Gegen lästige Fruchtfliegen in der Küche helfen Geckos.

Gegen lästige Geckos in der Küche helfen Ratten.

Gegen lästige Ratten in der Küche helfen Uranbrennstäbe.

Gekochte Erbsen bleiben schön grün, wenn sie in einer Schüssel Rahmspinat serviert werden.

Der Weg zum perfekten, fluffigen Rührei: Die Küche auf 225 °C vorheizen, gewünschte Anzahl Eier in den Soda Streamer geben und ab geht die Post.

Sie brauchen Platz auf der Speicherplatte? Einfach den Papierkorb in den Papierkorb verschieben in den Papierkorb verschieben in den Papierkorb verschieben in den …

Sie sind uralt, tatterig, fast taub, möchten aber trotzdem weiter Auto fahren? Ihr Auto macht aber seit zwei Wochen schleifende Geräusche und beschleunigt schlecht? Tipp: Entfernen Sie den verkeilten Jogger aus dem Radkasten.

Omelett: Zwölf Pinnchen Eierlikör in der Pfanne anbraten. Mit etwas Eierlikör abschmecken. Fertig.

Gurkentruppe

Die Seegurke ruft ihren Sohn:
„Komm zur Mama, Cornichon!“

Die Seegurke ruft ihren Gatten
„Schlesischer Gurkenhappen!“

Vatertag

Für einen gelungenen Vatertag braucht man eigentlich nur Alkohol und Väter. Und mit „Väter“ meine ich nicht den griechischen Käse! Feta, bah! Noch schlimmer wäre Babybel. Nach dem fünften Bier packt die nämlich keiner mehr aus und die Vattis würden am nächsten Morgen auf dem Pott ’ne Kerze ziehen. Und Herren, die es irgendwie schafften, ihre Erbinformationen in das Hoheitsgebiet einer unvorsichtigen weiblichen Eizelle zu injizieren, sollten keine Kerze ziehen, sondern einen Bollerwagen. Und dieser muss am Vatertag Bier, Fleischwurstringe, extrascharfen Löwensenf und Kümmerling enthalten. Des Weiteren müssen die Mallorca-Hits von der Bild am Sonntag mitgeführt werden. Ich sag nur: *Die Fliege war nicht dumm, sie machte „summ summ summ“ und flog mit viel Gebrumm ums rote Pferd herum.*

Und diesen ganzen Rotz ziehen die Väter in einem Wagen hinter sich her, der dank Sperrholz-Anbauteilen die Gestalt eines Ferrari imitieren soll, im Zuge der fortschreitenden Vatertagstour durch äußere Einschläge aber immer mehr in Richtung Kölner Stadtarchiv mutieren wird. Ein weiteres interessantes Detail von Bollerwagen ist ihre Fähigkeit, 50 Prozent der eingesetzten Zugkraft in Quietschen umzuwandeln.

Und mit solch einem Gefährt stehen die Vattis nun früh morgens am vereinbarten Treffpunkt und scharren freudig erregt mit den eingewachsenen Fußnägeln. Die Männer tragen mit Sprüchen bedruckte T-Shirts. *Hol mir mal schnell ein Bier, du wirst schon wieder hässlich,* prangt dann zum Beispiel auf ihren Bäuchen.

Derart prächtig ausgestattet kann der Vatertag endlich beginnen und ein Papa hält eine kurze Eröffnungsrede: „Moin, ihr Eierfeilen! Wie ihr sicher wisst, musste ich gestern eine Parodontosebehandlung über mich ergehen lassen, da ich ganz schlimmes Zahnfleischbluten hatte. Als ich zur Blutspende gegangen bin, brauchte ich nur wie eine Klapperschlange in ein mit Membran bespanntes Glas zu beißen. Und damit die vom Roten Kreuz dieses unwürdige Gewürge nie wieder mit ansehen müssen, werde ich meine frisch sanierte Mundhöhle heute mit reichlich Kümmerling desinfizieren. Darauf nehmen wir jetzt erst einmal einen. Prost, Männer!" „Prost!", erklingt es mehrstimmig, die Väter gehen trinkend los und das Unheil nimmt seinen Lauf, während *Jan Pillemann Otze, Pillemann Otze Arsch, Jan Pillemann Otze, Otze Arsch* für musikalische Hochkultur sorgt.

Gegen Mittag kommt der kleine Hunger und die Fleischwürste werden aus ihren Hüllen befreit. Da die Kühlkette inzwischen seit Stunden unterbrochen ist, gleiten die Würste schmatzend aus den kondenswassertriefenden Verpackungen. Der Zahnfleischfritze isst nicht mit, da er nur unter Schmerzen kauen könnte. Für ihn gibt es zwei Ibuprofen 600, die er mit reichlich Kümmerling runterspült. Die anderen Papis verschlingen gierig mehrere Ringe in Kunstdarm gepresste Paarhufer. Als Beilage wird Senf, Bier und schlechte Musik gereicht: *Ich hab 'ne Zwiebel auf dem Kopf, ich bin ein Döner ...*

Die Väter unterhalten sich über die spektakulären Fernsehbilder, bei denen zum ersten Mal ein lebender, drei Meter langer Riesenkalmar gefilmt wurde. „Es sollen aber schon Reste von 15 Meter langen Kalmaren gefunden worden sein.“ Parodontosemän meint, dass diese Funde rein gar nichts bedeuten würden, da er auf der Autobahn auch schon mal die vier Meter langen Reste von einem Fuchs gesehen habe.

Als kurz darauf ein Bach den Weg kreuzt, fährt Parodontosemän aufgrund seiner hochmotivierten Kümmerlingdesinfektion bereits sein eigenes Rennen. Er steht mit freiem Oberkörper im Bach, trägt zwei Fleischwurstringe wie Schwimmflügel um seine Oberarme und die anderen Väter bespritzen ihn mit Bier. Ein besonders Kreativer möchte dies lieber mit Senf tun. Dazu richtet er die Tube auf dem Boden aus und spritzt mit einem beherzten Tritt einen ungeahnt kräftigen Strahl auf den im Wasser Tanzenden und trifft sogar Augen und

Zahnfleisch. Die Freude könnte nicht größer sein. Dazu passend erklingt: *Und ich spring, spring, spring immer wieder und ich schwimm, schwimm, schwimm zu dir rüber ...*

Zahnfleischmän taumelt derweil angeschossen an Land, Tränen des Schmerzes kullern über seine senfgesprenkelten Wangen. Er gleitet einem blinden Andenkondor gleich die Böschung empor, um mit der Anmut einer Abrissbirne im Bollerwagen zu zerschellen. Er bekommt einen Zettel an den dicken Zeh geknotet und weiter geht's.

Etwas später erreicht die Gruppe eine Sammelstelle, an der sich bereits weitere Väter eingefunden haben. Ein unbekleideter männlicher Oberkörper nähert sich auf der Suche nach anderen Entblößten, die noch blasser, dicker und behaarter sind, um bei einer Verbrüderung einen reibungslosen Schweißtransfer zu gewährleisten. Ob dabei wie beim reanimierten Zahnfleischmän Fleischwurstringe getragen werden müssen, ist reine Geschmackssache.

Und wer jetzt sagt, „Jau, Vatertag ist genau mein Dingen", geht nächstes Jahr einfach mit. Wichtig ist nur ein Y-Chromosom in deinem Baukasten und dass mindestens ein Erbfolger in der Wurfbox liegt. Der Rest passiert dann von ganz alleine und es wird auch im nächsten Jahr wieder heißen: *Heut' ist so ein schöner Tag, lalalalala, heut'ist so ein schöner Tag, lalalalala ...*

Neun Proteine

Jeder, der sich schon einmal näher mit der Aufzucht des eigenen Nachwuchses beschäftigt hat, weiß, dass die erste Zeit nach der erfolgreichen Reproduktion von akutem Schlafmangel geprägt ist. Ist diese Phase überwunden und der Wurm schläft die Nächte durch, beginnt die Ära des „Warum". Und die ist nicht weniger ermüdend. „Warum dies, warum das ..." Hilfe! Die Zeit geht aber auch vorbei. Aber manchmal, in ganz besonderen Nächten, treten die beiden schon längst abgeschlossenen Phasen noch einmal im Doppelpack an, um den Vater richtig beeindruckend daran zu erinnern, was man in den letzten Jahren durchgemacht hat. Und kommt dann so eine Nacht mit einem Kind, das nicht schlafen kann und Fragen ohne Ende hat, dann ist Tapferkeit gefragt.

Den folgenden Dialog versuchte ich am Morgen nach so einer Nacht aus Gedächtnisfetzen und schlafgetrübter Erinnerung zu rekonstruieren:

„Weißt du, dass in einem Salzkorn neun Proteine stecken?"

Mit dieser zweifelhaften Information riss mich mein damals 5-jähriger Sohn aus dem Schlaf. Ich blickte ihn irritiert und entgeistert an. „Und weißt du Schlaumeier auch, wie spät es ist? Vier Uhr. Schlaf jetzt!“ Ich drehte mich zur Seite und zog die Decke über die Ohren.

„Vier? Das ist ja genau die Hälfte von neun!“ erwiderte mein Sohn strahlend.

„Fast richtig. Ein halbes Salzkorn sozusagen, und vier ist auch die Hälfte der Nacht!“

„Ah, dann ist neun die ganze Nacht?“

„Könnte man so sagen. Ja, neun ist die ganze Nacht. Und jetzt halt die Klappe.“

„Und der Tag?“

„Wie, der Tag?“

„Was ist der Tag von neun?“

„Der Tag ist der Rest.“

„Von neun?“

„Korrekt! Der Tag ist der Rest von neun und die Nacht ist davon die Hälfte. Also vier.“

Er blickte mich grübelnd an.

„Schon immer?“

„Ja, das war schon immer so. Gute Nacht.“

„Und davor?“

„Davor war es ähnlich, nur einen Tag früher.“

„Und davor?“

„War ein anderer Tag.“

„Und davor?“

„Ein anderer.“

„Tag?“

„Nein, Apfelpfannkuchen. Natürlich Tag. Vor dem Tag war ein Tag und davor war ein Tag.“

„Und davor?“

„Ein Tag."

„Und davor?"

„Sohn, höre! Schon immer war vor einem Tag ein anderer Tag."

„Immer?"

„Ja, immer!"

„Und vor dem ersten Tag – davon gestern?"

„Da war nichts!"

„Kein Tag?"

„Richtig, kein Tag, kein Gestern. Nichts."

„Hast du da schon gelebt?"

„Natürlich. Als ich so alt war wie du, gab es noch keine Tage."

„Gab es Dinosaurier?"

„Nein, noch lange nicht, die kamen erst später. Es gab nur Nacht und das Nichts. Tage gab es erst, als es Zeit gab, aber Zeit war noch lange nicht entstanden."

„Ab wann gab es Zeit?"

„Oh, ab sehr früh. Als das Nichts mit einem anderen Nichts ein Doppelnichts werden wollte, flog denen alles um die Ohren, sie sprengten ein Universum ins Nichts und ab da begann in irgendeinem Kaugummiautomaten eine Uhr zu ticken. Ab da gab es Zeit."

„Und wie sieht Zeit aus?"

„Ganz einfach: Gestern plus Raumkrümmung minus Dinosaurier", sagte ich und drehte mich erneut um, in der Hoffnung, weiterschlafen zu können.

Zwei Minuten später: „Papa? Wie sieht Raumkrümmumg aus?“

„Krumm“, sagte ich.

„So krumm wie eine Oma?“

„Krummer.“

„Wie ein Erdnussflip?“

„Krummer.“

„Wie ein krummer Stock?“

„Viel krummer.“

„Wie ein ganz, ganz, ganz, ganz krummer Stock?“

„Noch viel krummer!“

„Wie der ganz, ganz, ganz, ganz, ganz, ganz, ganz, ganz, ganz, ganz krummste Stock der Welt?“

„Ja, wie der allersuperdupermegamonsterkrummste Stock der Welt in der Hand der oberhyperspezialkrummsten Oma aller Zeiten. Und wenn die Oma dann noch eine Europalette mit Pflastersteinen anhebt, so krumm ist das. Noch Fragen?“

„Ja, wenn die Oma die Zeit ist und du schon da warst, bevor es die Zeit gab, bist du dann älter als die Oma?“

„Viel älter! Ich bin so alt wie der krummste Stock krumm ist, wenn er noch dreimal um die krummste Oma und die Pflastersteine gewickelt wird. Und dann das Ganze noch krumm mal krumm Periode krumm. Kapiert?“ Ich war mir sicher, dass diese Antwort einem Vorschulkind reichen müsste und ich endlich weiterschlafen könnte.

„Papa, eine Frage noch: Hattest du vor der Zeit eine Uhr?“

„Nein, eine Uhr hatte ich erst, als das Geld erfunden wurde. Erst das Geld machte es mir möglich, die Uhr aus dem Kaugummiautomaten zu ziehen. Apropos Uhr: Wir haben zehn nach vier! Schlaf gut.“

„Du auch, Papa. Und morgen früh erkläre ich den Kindern im Kindergarten die Zeit und das Nichts anhand der Periode der krummen Oma.“

„Ja, mach das, aber jetzt wird geschlafen.“ Doch das hörte er schon nicht mehr. Neben mir erklang ein zufriedenes Schnarchen und das Sandmännchen streute ihm bestimmt gerade neun Proteine in die Augen.

Nicht für Arjen

Möwen mögen Robben mobben
Gänse hänseln Robben auch
Wenn Robben robben, Unken unken:
„Jetzt steht doch mal auf!"

Sankt Martin

Soso, Sankt Martin hat also damals seinen Mantel mit dem Schwert geteilt und eine Hälfte davon einem armen, frierenden Mann gegeben, der für die bestehende Wetterlage eindeutig zu wenig anhatte. Wenn ich Paris Hilton eine Hälfte von meinem Feinrippschlüpfer auf den Roten Teppich werfe, zieht 1500 Jahre später bestimmt kein einziges Kind mit der Laterne los und singt Lieder darüber, wie ich die arme Frau vor einer Nierenbeckenverkühlung bewahrte. Aber Sankt Martins Altkleiderspende wird alljährlich mit Festumzügen gedacht. Zu diesem Anlass teilen Kinder ihren Gesang mit Erwachsenen, die leichtsinnig die Haustüre öffneten. Erwachsene teilen dann ihre Süßigkeiten mit den Kindern, und ALDI Nord und ALDI Süd teilen sich die gesamte Süßwarenversorgung. Soweit ich richtig informiert bin, verkauft alleine einer der genannten Discounter an Tagen vor Sankt Martin so viele Schokoriegelplagiate, dass man aus ihnen eine Kopie des Burj Khalifa im Maßstab 2:1 bauen könnte.

Neben diesen Schokoriegeln bekamen wir beim Martinssingen auch immer längliche, bereits mit dem Papier verwachsene Ananaskamellen. Und diese Dinger waren, hatte man endlich nach mühevollster Kleinstarbeit den letzten hartnäckigen Zipfel Papierhülle abgepiddelt, noch immer mit einem zarten Flaum aus Papierfasern bedeckt und erinnerten an blasse, bepelzte Raupen. „Die Bonbons kenne ich, die sind super", höre ich jetzt schon den einen oder anderen ausrufen. Ja, die sind wirklich super. In Nordkorea haben die die auch. Die essen die immer, wenn sonst nichts mehr im Haus und selbst die Baumrinde alle ist.

Korea wäre für ALDI sowieso ein perfektes Pflaster. Man könnte die Hoheitsgebiete in altbekannter Manier in Nord und Süd aufteilen und hätte eine richtig geile Grenze. Nicht so ein Wischiwaschi wie bei uns. Dann könnte ALDI Süd im Süden noch ein paar Milliarden Snickers mehr verhökern und im Norden gäbe es diese Ananaskackzückerli und gemischtes Steinobst, das in der EU keine Zulassung als Lebensmittel bekommt und bei uns – je nach Größe der Früchte – Kies oder Geröll genannt wird.

Doch zurück zum Martinssingen: Was bekam man denn da noch so in den Jutebeutel geschmissen?

Äpfel. Doch wenn man einen Apfel bekam, flog der über die nächste Hecke, weil Äpfel essen als äußerst uncool galt – direkt hinter Banane essen. Banane essen war das Alleruncoolste überhaupt und stand in dem ungeschriebenen Ranking sogar noch vor Calippo essen.

Kam man damals nach Stunden und etlichen Kilometern vom Martinssingen wieder nach Hause, wurde die ersungene Ausbeute auf dem Bett ausgebreitet und in vier Güteklassen sortiert: Lecker, geht so, bäh und richtig scheiße. Richtig scheiße wurde aber dennoch niemals weggeworfen und erst verzehrt, wenn ein fürchterlicher Heißhunger einsetzte, alles andere schon verputzt war und selbst die Baumrinde alle war.

Um überhaupt erst einmal an die Süßigkeiten zu gelangen, sangen wir sämtlichen Nachbarn ein Lied vor, das in Remscheider Mundart vorgetragen wurde. Da sich die lokalen Dialekte auch vor 30 Jahren schon auf dem absteigenden Ast befanden, verstanden wir unser eigenes Wort nicht.

„… de Äppel un de Bieren,
de Nöte gönnt noch mät.
De Frau de geht der Trappe ropp,
un brengt den Schoet voll mät doraf …“

So sangen wir von Äpfeln, Birnen und Schürzen voller Nüsse, dachten aber, wir sängen von Äpfeln, Bieren, Nutten und einer Frau, die einen Trapper rupfen geht und dann mit einer Schüssel voller Mett zurückkehrt …

Und irgendwann war die aktive Sängerzeit vorbei. Ich weiß nicht, in welchem Alter ich bei meiner „Abschiedstournee“ durch meine Straße zog, aber irgendwo zwischen größer als dreizehn und kleiner als sechzehn. Und als ich dann nicht mehr mitging und alleine zuhause war, verbrachte ich die Martinsabende in abgedunkelten Räumen, bewegte mich nicht und versteckte mich mit dem lautlos gestellten Fernseher unter einer Bettdecke, um meine Anwesenheit vor der singenden Meute zu verbergen.

Irgendwann begann ich dann aber doch, mich den Martinssängern zu stellen.

Als Angesungener ist man erschreckend unangenehm in der Defensive und will den Blagen eigentlich sofort was geben: „Hier, nehmt den Kram, singt mich bloß nicht an und verpisst euch!“, möchte man ausrufen, doch die Tradition und der Anstand gebieten einem, dass man sich der Situation entsprechend benimmt: „Oh, was habt ihr liebreizenden Wonneproppen das Liedchen herzerweichend geträllert. Jede von euch Zuckerschnuten darf nun eine der reichhaltig bereitgestellten Leckereien wählen und in sein Beutelchen befördern. Und jetzt verpisst euch!“

So einfach ist es bei den Kleinen.

Aber was tun, wenn das Altersgefälle zwischen Sängern und Angesungenem nicht gerade groß ist und das Geld für einen Korb voller Smartphones nicht reicht? Die meisten Sympathiepunkte sammelt man dann sicherlich mit durchgestylten, sauteuren Energieriegeln, die im Idealfall verbotene oder zumindest umstrittene Inhaltsstoffe beherbergen. Dicht gefolgt von aufputschenden Modegetränken mit roten Kühen drauf. Oder Alcopops.

Ist der Altersunterschied nicht sehr groß, ist dies ja sowieso für beide Parteien eine zutiefst entwürdigende Situation.

Der Supergau ist aber, als siebzehnjähriger Spätentwickler von einer hormonell prächtig vorangetriebenen Fünfzehnjährigen auf ihrer Abschiedstournee angesungen zu werden. Sie denkt: „Oh, wie peinlich, der ist ja voll süß, nicht die Nerven verlieren, du musst singen! Nicht in die Augen schauen, sing!" Und du stehst in der Türe, wackelst verlegen von einem Fuß auf den anderen, starrst der Sängerin nicht auf ihre Marienkäferlaterne, sondern auf die irritierende Oberweite, und das Mädel, welches wahrscheinlich schon in Kürze den ersten Verehrer in ihrem Schoße empfangen wird, schmettert dir aus Tröpfcheninfektionsdistanz: „Rabimmel, rabammel, rabumm!" entgegen.

Was sagt man da? „Schön gesungen? Möchtest du einen Apfel, den ich der Schlange selbst entriss? Oder lieber eine Banane? Calippo? Oder sollen wir uns meinen Schlüpfer teilen?"

Gute Vorsätze

Für gute Vorsätze braucht man nicht unbedingt Silvester oder Neujahr. Man kann auch ganz einfach ab morgen die Dinge ändern, die einem schon die ganze Zeit auf den Sender gehen. Oder man beginnt endlich die Sachen, die man schaffen möchte.

Ich nehme mir zum Beispiel vor, ab morgen richtig Schach zu lernen, um dabei hochkonzentriert meinen Geist zu schärfen. Dann trage ich einen mausgrauen Anzug und einen Pomadescheitel wie Karpov und diese anderen inselbegabten Traumfresserchen. Ich haue dann mit meinem Gegner abwechselnd auf einen Wecker und berechne zwölf Spielzüge im Geiste vor. In der Zeit zwischen meinen Zügen sinniere ich mit der anderen Gehirnhälfte über theoretische Probleme der Quantenmechanik. Ja, das wäre toll. Leider ist diese Gabe meistens damit gekoppelt, dass man motorisch nicht in der Lage ist, sich selber ein Marmeladen-Bütterchen zu schmieren, aber das wäre mir die Sache wert. Nee, eigentlich doch nicht. Hiermit widerrufe ich meinen guten Vorsatz! Ich bleibe lieber einigermaßen normal und spiele Schach wie bisher: Bauer eröffnet von C7 auf H1 und schlägt den völlig überraschten gegnerischen Turm mit einem Sprung über das gesamte Brett. Ein Beyblade-Kreisel kommt unterstützend hinzu und mischt den gesamten rechten Flügel der feindlichen Streitkraft mit rotierenden Plastiksensen auf, während eine Handvoll niederprasselnde Knallteufel Tumult unter den Bauern auslöst. Ich nutze die Verwirrung, um mit der freien Hand einen Polizei-Porsche aus der Darda-Bahn aufzuziehen, der Sekundenbruchteile später dem gegnerischen König mit Karacho die Holzwürmer aus dem gedrechselten Körper ballert. Schachmatter geht's nicht.

Ganz anderer Vorsatz: Ich brauche dringend einen One-Night-Stand. Aber nicht aus hormoneller Not, nein, ich möchte nur einmal auf die Frage, was mich im Bett am meisten reizen würde, „Birkenpollen" antworten können.

Außerdem möchte ich mir eine Stretchlimousine kaufen. Nicht, um damit chauffiert zu werden und anzugeben, nein, ich möchte da nur einen Aufkleber auf die Heckscheibe kleben: Zwei Bundeskegelbahnen.

Und ich möchte mehr Sport machen, was dann alle im Internet bewundern dürfen. „Oh, guck mal, der Thamm hat am letzten Samstag mit Runtastic eine Aktivität begonnen und 21 m zurückgelegt. In nur vier Stunden. Gegen den Strom auf der Rolltreppe im Kaufhaus des Westens. Und dabei hörte er sich das Hörbuch: *Der Lauf meines Lebens* von Joey Kelly auf Spotify an."

Außerdem möchte ich mit einem Biologiestudium beginnen, weil ich endlich die Natur kapieren will. Es gibt da so Sachen, die machen mich fassungslos. Zum Beispiel, dass sich eine Weinbergschnecke im Boden eingraben kann. Wie jetzt? Ja, komplett mit Häuschen. Klingt nicht spannend? Dann grab dich mal mit einem Smart ein, in dem du selber sitzt und nur aus einem geöffneten Seitenfenster heraus buddeln darfst. Ohne Schüppe und ohne Arme.

So, das reicht. Man soll es mit den guten Vorsätzen ja auch nicht übertreiben. Gesünder essen, weniger Alkohol und mehr Bewegung sind ja sowieso Klassiker. Aber einfach normal leben und positiv denken, das reicht schon. Die Dinge von der Sonnenseite betrachten und das Restleben wird spitze. Nicht sagen: „Ah, verdammt, wat hab ich mir gerade mit dem Vorschlaghammer auf den Zeh gekloppt!“ Nein, immer das Positive sehen: „Entzückend, wie schön flach der dicke Onkel geworden ist. Gut, dass ich noch neun weitere Zehen habe, da kann ich ja sofort noch mal draufdreschen.“

So, die Zukunft kann kommen. Ich wäre dann soweit.

Ah nee, eine Sache noch:

Ich möchte ab sofort anderen Eltern gegenüber meine ehrliche Meinung sagen. Immer nur: „Oh, der Kleine ist aber süß!“ oder „Ui, ist eure temperamentvolle Prinzessin ein Wildfang“ zu heucheln, geht mir langsam auf den Sack! Ich will Sachen sagen wie: „Au weia, wat habt ihr euch denn da für’n Spacken zusammengebumst?“ Oder: „Sach mal, habt ihr diese

Laune der Natur letztes Jahr Weihnachten beim Schrottwichteln gezogen? Manometer, aus dem hässlichen Entlein wird aber bestimmt mal eine hässliche Ente!"

Nein! Natürlich sage ich das nicht! Das kann man echt nicht bringen. Ich will ja auch nicht, dass mir einer beim Schach zusieht und sagt: „Das ist aber eine äußerst dadaistische Interpretation dieses Brettspiels."

Obwohl. Dem widerum könnte ich dann entgegnen: „Um noch mal auf Ihren Nachwuchs zurückzukommen: Das ist aber eine äußerst dadaistische Interpretation des Homo sapiens."

Nee, das sollte man wirklich lassen. Manche Vorsätze bleiben lieber auch morgen noch ein Vorsatz für übermorgen.

Ich sage „Tschüss“ an der Pforte zum Erwachsenenbereich

Liebe Leser, jetzt sind wir einen Teil des Weges zusammen gegangen. Ich hoffe, ihr hattet Spaß und Amüsement. Aber jetzt ist es an der Zeit, Abschied zu nehmen. „Aber da kommen doch noch ein paar Seiten“, werdet ihr nun völlig zu Recht anmerken. Ja, stimmt, aber die folgenden Seiten sind, ganz vorsichtig ausgedrückt, thematisch so angelegt, dass Charlotte Roche bei der Lektüre rote Wangen bekommen würde. Im Vergleich zu den nun folgenden Seiten, nennen wir sie „Nilpferdpeitsche“, ist die *Fifty Shades of Grey*-Trilogie ein kleiner Klaps mit der Pfauenfeder.

Wie konnte ich nur solche Texte schreiben? Ganz einfach: Ich bekam die Einladung zu einem Poetry Slam zum Thema Pornografie. Und da ich ein sehr gewissenhafter Mensch bin, wurde dann natürlich gründlich recherchiert …

Also, wer weiterhin Bilder von Bienen und Blumen im Kopf haben und ein unbelastetes Liebesleben genießen möchte, sollte einfach nicht weiterlesen. Wen die Neugierde allerdings sonst innerlich zerfrisst und wer es dennoch riskieren möchte – viel Spaß beim Blick in den Abgrund!

Liebe Mutter, alles, was ich gerade erklärt habe, war natürlich Unfug. Die folgenden drei

Texte hat der Verleger im Altpapier-Container gefunden.

Und für dich hört das Buch an dieser Stelle definitiv auf!

So, ich bin raus. Ihr hoffentlich auch.

Und wenn nicht, sagt nicht, ich hätte euch nicht gewarnt!

Ich hätte es mir denken können – ihr lest ja doch weiter. Und Mutter, du bist ja auch noch da!

Ich bin schockiert. Pfui, pfui und nochmals pfui!

Ihr habt es nicht anders gewollt.
Willkommen auf der dunklen Seite.

Möge die Macht der Aubergine mit euch sein!

Kröten

Ein Gedicht und zwei Texte sollten es für den Porno-Slam werden. Für die Texte hatte ich schon grobe Ideen. Aber worüber sollte ich ein Gedicht schreiben? Gar nicht lange nachdenken, einfach drauflostippen. Also fing ich an:

Ich will nicht leben wie ein Mönch
Mh mh mh mh mhmhm…

Verdammt, nichts reimt sich auf „Mönch“. Nach endloser Überlegung stand fest: Überhaupt nichts reimt sich auch nur annähernd auf „Mönch“! „Mönch“ scheint ein Primwort zu sein und reimt sich nur mit sich selber und noch nicht einmal mit seinen eigenen Buchstaben.

Also musste ein komplett anderer Anfang her! Neuer Ansatz:

Im Herbst war er beim Pornodreh
und stand dort seinen Mann
Die Penetrierte machte „Määähh“
und bekam ein Lamm …

Nee, das ist auch doof, reimt sich zwar, aber so läuft das Ganze in eine wirklich sonderbare Richtung.

Aber irgendwas mit Tieren ist schon mal ein guter Ansatz. Da musste ich jedoch ganz anders drüber schreiben. Romantischer. Tragischer. Ich hab's:

Die Straßen voll Kröten, der Kröten so viel'
Leiber verschmelzen im Reifenprofil
Die Kröten, sie zieh'n zu den Teichen zum Laichen
Je breiter die Reifen – desto mehr Leichen
Und während Biber Äste für ihre Nester sammeln
oder lieber feste ihre Schwester rammeln
gehen Kröte und Kröterich
gemeinsam auf den Straßenstrich
Vor Liebe blind und huckepack
die Alte schleppt den faulen Sack
der ohne Schniedel auf ihr hockt
und daher sie nie richtig poppt
Doch nächstes Jahr zieht sie ein Mann durch
dann schnappt sie sich 'nen geilen Schwanzlurch
So träumt sie vom heißen Abenteuer
doch dieses Licht ist nicht geheuer
Ein Halogen die Kröten blendet
phfffätsch, ein Klumpen Matsch bleibt –
schnell verendet.
Und so mischen sich die träumenden Kröten-
mit Kröterichs schäumenden Klöten.

Und das Gedicht trug ich dann auch vor – und die folgenden Texte – und gewann! – einen total fiesen Aufziehvibrator. Verdammt, hätte ich doch besser was mit Mönchen oder Schafen gemacht …

Bleibt mir weg mit Auberginen

Die Kamera schwenkte auf das Pärchen in der Küche. O. k., „Küche" ist für dieses Filmset vielleicht eine etwas optimistisch ausgedrückte Bezeichnung, aber nennen wir die Bruchbude der Einfachheit halber trotzdem „Küche". Die Küche war aus feinster bulgarischer Spanplattennachbildung gefertigt und mit ausgesuchtem Bananenkistenfurnier veredelt und wäre in jedem POCO-Möbelhaus negativ aufgefallen. Und orange. Aber nicht so orange wie die gleichnamige Frucht, nein, eher so orange wie Frolic von letzter Woche. Und in diesem Küchenwrack versprühte das zur „Schauspielerei" verdonnerte Pärchen seinen glanzlosen Crack- und Bahnhofsstrichcharme, obwohl es sich offenbar sehr gesund ernährte. Gurken, Bananen, Zuccinis und eine Aubergine erkannte ich auf dem Küchentisch. Wenig später wurde ich leider Augenzeuge, dass das Gemüse gar nicht zur oralen Einnahme bestimmt war. Denn das Pärchen begann sich ohne Vorwarnung zu befummeln, die ersten Hüllen fielen und nackte, blasse Haut präsentierte sich im romantischen Schein einer flackernden Neonröhre. Obwohl der Mann untenrum bereits beachtlich expandierte, entschied die Probandin, lieber die Aubergine mit knöchernen Fingern zu streicheln und begann mit der Zunge daran zu lecken. „Ist das eine gewaltige Aubergine!", dachte ich, und

„Daaas ist geile, gewwaaltig Gemuuuseschwaanz“, sprach die Frau. Ja, stimmt, gewaltig und dick vor allem! Also die Aubergine. Die Frau war eher der Typ bulimische Langstreckenläuferin nach der Heuschreckenplage. Zu Deutsch: Die Tante hatte den Körperfettindex von einer Handvoll Paniermehl. Und als dieser Klappstuhl begann, die Aubergine mit irgendeinem Schmock einzuölen, schwante mir bereits Böses! „Die wird doch nicht …! Nein, das passt nicht! Niemals! Das kann nicht passen! Mädel! Lass es! Die Aubergine will es doch auch nicht! Auch mit Gleitcreme oder Frittenfett ist das eine Dehnübung, die nicht klappen kann!“

Und als es dann doch klappte und die Aubergine Zentimeter um Zentimeter in der Dunkelheit verschwand, begann auch die Frau sich auszuziehen.

Ja, die traurige Wahrheit ist, dass diese Crystal-Meth-Schnalle ihrem Drehpartner die Aubergine komplett in die Kiste schraubte und ich jetzt noch beim bloßen Gedanken daran Phantomschmerzen und Schwangerschaftsstreifen bekomme! Bin ich prüde oder weltfremd, wenn ich sage: „Also, für mich wäre das nichts!“? Wahrscheinlich liegt das an meinem Alter. Ich bin nicht offen für diese neuen Praktiken und überlasse das Betätigungsfeld gerne den jungen und wilden Rektalakrobaten.

Ich bin ein Kind der Siebziger. Das bedeutet, wir sind mit Sex aufgewachsen, der in erster Linie sehr behaart war und der reinen Fortpflanzung diente. Und nicht jeder Akt wurde gefilmt und der Öffentlichkeit zugänglich gemacht. Klar ließ sich Renate M. aus Wanne-E. vor der Super-8-Kamera auch schon mal von 15 Afrogelsenkirchnern durchorgeln und besudeln, aber das war eine verlorene Seele. Sie kassierte die 20 Mark, duschte und zeigte den Film anschließend stolz ihren Freunden. Ratternd und lüftungsbrummend wurde das Band dann auf eine Leinwand projiziert und das Rascheln der Popcorntüten mischte sich mit Kommentaren wie: „Renate, du Dreierstecker!“ oder „Unsere Reni ist ja ein richtiges Schleckermäulchen, aber wenigstens wird sie so nicht schwanger!“

In diesem Zusammenhang fällt mir eine Szene ein, der ich vor Jahren beiwohnte und die ich nun gerne einschieben möchte. „Einschieben“ ist ein sehr schönes Wort in diesem Kontext …

Allein der Ort und die Gesellschaft, in der ein – sagen wir mal – Dialog geführt wurde, lassen mir jetzt noch die Schamesröte ins Gesicht steigen. Ich schwöre hiermit feierlich, dass es sich genau so zugetragen hat und ich jetzt versuchen werde, alles korrekt wiederzugeben.

Der Ort des Geschehens war der Saunabereich eines im Bergischen Land wohlbekannten Freizeitbades. Herren und Damen der verschiedensten Altersstufen bildeten einen repräsentativen Durchschnitt unserer Gesellschaft, saßen auf ihren Laken und warteten auf den Aufguss, als ein Herr seinem Sitznachbarn folgende Frage zuflüsterte (kurz einwenden muss ich noch, dass sonst keiner in der Sauna sprach und alle die Öhrchen spitzten):

„Sag mal, darfst du bei deiner Frau auch schon mal ... ähh, wie soll ich sagen ... also, darfst du auch schon mal, ähh, in das andere Loch?"

„Nein, sie möchte keine Kinder!"

Ich schwöre bei der Gesundheit all meiner Verwandten, und möge mein Geschlechtsteil dauerhaft in der Sechs-Uhr-Stellung verweilen, wenn ich übertreibe, aber einigen Damen fiel in diesem Moment jegliche Mimik aus dem Gesicht, einige blickten beschämt zu Boden und wieder andere hatten sich Großteile ihrer Badelaken in den Mund gestopft, um nicht den ganzen Schwitzkarton zusammenzubrüllen. Unfassbar!

Da in Pornos auch immer was in den Mund gestopft wird und der Mund dabei immer groß im Bild ist, haben sich manche Darstellerinnen ihre Lippen so bizarr aufspritzen lassen, dass sie mich immer an diese Welse erinnern, die im Aquarium an den Scheiben saugen. Das finde ich ganz schön schäbig! Falls ich trotz meiner ablehnenden Haltung gegenüber solchen Schlauchbootlippen einmal den Wunsch verspüren sollte, dass so eine Schnute an meiner Flöte zutzelt, dann setze ich mir einen Blutegel an! Aber noch schlimmer sind diese Silikon-

Monsterbrüste, die wie Kernkraftwerke auf dem Brustkorb thronen und sich in die Gesamterscheinung der Damen so harmonisch einfügen wie eine Mettwurst in die Käsetheke.

Meine Meinung zu Schönheits-OPs ist folgende: „Bravo!“ rufe ich dem Doktor zu, der eine Brust zum Beispiel nach einer Amputation ästhetisch rekonstruierte oder eine Lippen-Rachen-Gaumen-Spalte erfolgreich operierte. Aber „Pfui!“ rufe ich dem Doktor zu, der einer normalbebusten Dame diese Monstertüten ins Dekolleté ballerte, damit Madame aussieht wie all diese anderen silikongeblähten, katalogنäsigen, kopfhaarblondierten Klontanten US-amerikanischen Vorbilds. Diesen aufgepimpten Trullas mit diversen künstlichen Anbauteilen möchte ich einen Tipp geben: Wenn man einen Pferdeappel in Geschenkpapier einpackt, bleibt das ein Pferdeappel! Basta! Und bevor das hier jetzt endgültig zum Wort zum Sonntag mutiert, eins noch: Sex ist toll! Jeder, wie er mag, vor allem aber, wie der andere es auch mag – nur bleibt mir weg mit Auberginen!

Tokyo Nights

Die Vorzüge japanischer Hotels sind schnell aufgezählt. Erstens: Es gibt dort Klimaanlagen, die so vorzügliche Arbeit verrichten und die Hütte dermaßen runterkühlen, dass sich ein Kaiserpinguin nachts noch ein zweites Oberbett holen würde. Zweitens: Toiletten mit beheizter Klobrille und elektronischem Bedienteil. Kein Scherz. Vor einiger Zeit saß ich noch auf einem Pott von Panasonic. Nimmt man auf so einem Kackschemel Platz, fühlt es sich an, als hätte ein anderer die Brille mit seinem Bratarsch bereits vorgewärmt. Wie ein wohliges Nest. Da bekommt man sogar als männliches Säugetier das dringende Bedürfnis, ein Ei zu legen. Mehr darf man von einem Klo nicht erwarten. Doch der japanische Sanitärkessel kann noch viel mehr: Drückt man aus Neugierde leichtsinnig einen der zahlreichen blinkenden Knöpfe, bekommt man unangekündigt mit hartem Strahl die Fuge ausgekärchert, als hätte man sich auf einen Geysir gesetzt. Panisch drückt man auf den Knöpfen herum und trifft versehentlich den falschen, dann flattern die Glocken in einem weiteren Strahl, der eher auf die vorderen Regionen justiert ist. Die Wassermassen, die nun das intime Untergeschoss umspülen, kann man sich bildlich am besten so vorstellen: Handstand mit gespreizten Beinen unter den Niagarafällen. Selbstverständlich nackt. Danach ist die Kimme zwar blitzeblank sauber, aber ein paar Blätter Hakle samtweich 4-lagig hätten das bestimmt auch geschafft, ohne die gesamte Kleidung mit Eigen-Guano zu versauen.

Ein weiterer Vorteil japanischer Hotels ist, dass es auch in den winzigsten Zimmern einen Fernseher gibt. Und in diesen laufen lustige Sendungen. Man kann zwar kein Wort verstehen, aber den feinen dargebotenen Humor kann auch der Nichtjapaner feiern. Wenn zum Beispiel in einer Sendung ein Mann durch eine Papierwand rennen muss, die dann doch aus Beton ist, und der arme Kandidat regelrecht an dem überraschend stabilen Blatt handgeschöpfter Bütte zerschellt, bepisst sich auch der Remscheider Tourist. Natürlich nicht im eigentlichen Wortsinn, da sein Harndrang nach dem letzten Toilettenbesuch noch immer total traumatisiert und gelähmt ist.

Wer nicht so auf die Zerstörung von Fernsehkandidaten steht und das nicht lustig findet, wenn die Papierwand überraschenderweise dann doch mal aus Papier besteht und dahinter Teer und Federn auf den Kandidaten warten, der kann sich den Wetterbericht ansehen. Da wird dann gezeigt, wie eine Windhose Passanten zerstört oder eine Gruppe Bauarbeiter aus ihren Uniformen saugt.

Apropos Hose und saugen: Wem das alles zu hart ist und wer eher Zeuge werden möchte, wie Japaner Zärtlichkeiten austauschen, hat die Chance, sich in einem Automaten im Hotelflur diskret eine Karte für das Pay-TV zu ziehen. Sind die Kanäle freigeschaltet, wundert sich der Tourist: Da es sich um gebührenpflichtige Erwachsenenkanäle handelt, müssen selbstverständlich die entscheidenden Körperzonen verpixelt sein, damit der erregte Zuschauer ja nichts erkennt. So ein weibliches Geschlechtsteil muss ja auch dringend vor dem männlichen Auge verborgen werden. Vor allem in einem gebührenpflichtigen Pornokanal und selbst dann, wenn die weibliche Scham in diesem Film sowieso schon von einem schwarzen, blickdichten Slip bedeckt ist. Dann ist sogar noch der Slip verpixelt! Wäre der Slip nicht verpixelt, würden wir jedoch erkennen, dass das gar kein schwarzer Slip ist! Ich sag mal so: PETA ist ja auch für Pelze … oder andersrum: Da die Männer in Japan kaum Bartwuchs haben, scheint es im ganzen Land keinen einzigen Rasierer zu geben, der die Damen auf die wahnwitzige Idee bringen könnte, dass das Ganze vielleicht auch ohne drei Hände voll schwarzer Drahtwolle recht apart aussehen könnte. Wenn die Darstellerin nackt auf einem Grizzlybärfell sitzen würde, könntest du auch ohne Pixel nicht erkennen, wo der riesige Bär aufhört und der Grizzly anfängt.

Aber in einem japanischen Porno sitzt die Frau nicht auf einem weichen, kuscheligen

Bärenfell. Nein, das wäre viel zu bequem und würde den Mann auch in keinster Weise erregen. Damit eine richtig kuschelige Zweisamkeit aufkommen kann, muss die Frau gefesselt von der Decke hängen. Völlig verzurrt und verschnürt und die Beine und Arme zusätzlich noch mit Panzertape fixiert, baumelt die Tante im Schlafzimmer. Hurra. Das ist aber romantisch. Vor allem der rote Gummiball im Mund macht die Dame scheinbar richtig wuschig, da sie die ganze Zeit vor Vergnügen um Gnade quietscht. Vielleicht quietscht aber auch nur die Maschine, die der Ollen mit einer riesigen Patschehand den Arsch versohlt. Hervorragend. Was ist denn da schiefgelaufen?

Als wäre das nicht genug Romantik, hat die Dame auch noch Klammern an ihren Nippeln hängen. Diese Metallklemmen haben Drähte, die direkt zu einem Modelleisenbahntrafo führen, wo der einfühlsame Romeo den Regler immer mal wieder kurz bis zum Anschlag aufdreht und seiner Geliebten die Spannung eines Weidezauns in die Tüten ballert. Ja, da kommt Stimmung auf. Ganz ehrlich? Wenn ich das sehe, denke ich nicht: „Oh, wie geil ist das denn?“ Nein, ich denke: „Warum? Warum machen die das?“ Das ist doch nicht geil. Der Einzige, der das geil finden sollte, dass seine Gespielin nackt vor ihm von der Decke baumelt, ist der Fledermäuserich. Aber dann hört es auch schon auf.

Also ich finde die klassische Variante mit Körperkontakt und dass ein Körperteil des einen ganz wunderbar in das Körperteil der anderen passt gar nicht so verkehrt. Das scheint es in Japan bestimmt auch zu geben, das zeigt man aber nicht so gerne. Noch nicht mal im Bezahlfernsehen, da es bestimmt die Jugend verderben würde. Sex ohne Stromtrafo und Panzertape – unvorstellbar, dieser Schweinkram! Da lobe ich mir unsere heimischen Filme in den deutschen Hotels. Da ist die Welt noch in Ordnung. Ich sag nur „Aubergine".

Bei Lektora erschienen

Sascha Thamm

Wildwasser-Rafting im Nichtschwimmerbecken

Sascha Thamm widmet sich in seinen Kurzgeschichten den großen Themen des Weltgeschehens. Es geht unter anderem um piepsende Rauchmelder, das sehnsüchtige Warten auf eine Draisine und natürlich um lässig schlendernde Kraniche. Aber auch mit seinen lyrischen Juwelen fliegt er zielsicher unter dem Radar der Hochkultur.

„Was kann schöner sein als das imaginäre Bild von Godzilla, der Mariah Carey mit einem Feuerstoß abfackelt? Dieses Buch von Sascha Thamm. Man will es fest an sich pressen und nie wieder loslassen. Saschas Humor ist wie ein Golden Retriever mit Silikonbrüsten. Äußerst ungewöhnlich ... aber irgendwie geil.“

(Martin Fromme)

ISBN: 978-3-95461-152-2
14,80 EUR (D)
15,30 EUR (A)

www.lektora.de

Bei Lektora erschienen

Quichotte

»Beim Lieblingsbäcker«

Geht Ihnen die geheuchelte Freundlichkeit an den Ladentheken des hiesigen Lebensmitteleinzelhandels auch mitunter mächtig auf die Nerven? Und wünschen Sie sich nicht manchmal jemanden, der in solch gekünstelten Situationen verbal dazwischengrätscht? Dann ist das hier genau Ihr Buch.

Der Lieblingsbäcker ist quasi ein Spezialist, wenn es um das Foppen seiner Kundschaft geht. Dieser liebenswürdig-mürrische Zeitgenosse, dem man durchaus eine antikapitalistische Einstellung und den Hang zur sarkastischen Misanthropie nachsagen kann, macht keinen Unterschied in Sachen sozialer Herkunft oder Bildungsgrad. An seiner Ladentheke wird jede*r gleichermaßen verhohnepiepelt. Im Verkaufsgespräch läuft er zur Hochform auf und zeigt sich im Dialog von seiner unterhaltsamsten Seite. Deshalb war es an der Zeit, die verbalen Sternstunden endlich in Buchform zu fassen.

Genießen Sie das Resultat mit Ironischer Vorsicht und eventuell einem ehrlichen Filterkaffee, denn das ist in Sachen Heißgetränken die einzige in der Lieblingsbäckerei erhältliche Variante.

ISBN: 978-3-95461-193-5
14,80 Euro (D)
15,30 Euro (A)

www.lektora.de

Bei Lektora erschienen

Benjamin Poliak

»Stille Wasser sind ohne Kohlensäure«

In seiner ersten Textsammlung »Stille Wasser sind ohne Kohlensäure« vereint Benjamin Poliak chronologisch seine besten Texte aus über sieben Jahren Bühnenliteratur und zeichnet auf diese Weise das Bild seines Aufwachsens: eine Reise durch das Leben eines Kinderteppiche mit Straßenmotiven analysierenden, naiven 16-jährigen Jurastudenten bis hin zu einem naiven 23-jährigen Diplom-Juristen, der Fortsetzungsfeststellungsklagen in doppelt analoger Anwendung bearbeitet. Gespickt mit zuckersüß-raffinierten Wortspielen und komödiantischen Erzählungen absurder Situationen oder Begegnungen soll »Stille Wasser sind ohne Kohlensäure« vor allem Spaß machen.

»Benjamin Poliak hätte allein in diesem Satz hier bereits drei kluge Gags untergebracht und einen albernen. Das erscheint Ihnen unrealistisch? Lesen Sie das Buch, überzeugen Sie sich selbst.« (Sebastian 23)

»Benjamin ist eine echte Entdeckung! Ich bin einfach dolle Fan von ihm.« (Sandra Da Vina)

»Ich wünschte, er wäre ein Freund und keine Konkurrenz.« (Hinnerk Köhn)

ISBN: 978-3-95461-249-9
16,00 Euro

www.lektora.de